U0654066

本书为教育部人文社会科学研究青年基金项目"特大城市城乡接合部社区协同治理模式研究"（批准号：15YJC840017）的最终成果

特大城市城乡接合部社区治理研究

李 晗 著

管理
MANAGEMENT

Study on Community Governance in the Rural-urban Fringe of Megalopolises

上海交通大学出版社
SHANGHAI JIAO TONG UNIVERSITY PRESS

内容提要

　　城乡接合部是特大城市基层治理的一个特殊区域。本书以基层政府的职能结构转向为背景,运用案例研究的方式,从国家—社会互嵌视角出发,探析特大城市城乡接合部社区治理中国家与社会的互动机制。本书分析了行政体制的激励与约束对特大城市城乡接合部基层政府行为的塑造,呈现了国家与社会在基层治理中交互重叠、相互塑造的互动机制,以及行动者再生产动态权力关系和新基层社会权力秩序的过程,进而讨论特大城市城乡接合部社区协同治理路径的发展思路。

图书在版编目(CIP)数据

　　特大城市城乡接合部社区治理研究 / 李晗著. —上
海:上海交通大学出版社,2021.9
　　ISBN 978 - 7 - 313 - 25435 - 1

　　Ⅰ.①特…　Ⅱ.①李…　Ⅲ.①特大城市-社区管理-
研究-中国　Ⅳ.①D669.3

　　中国版本图书馆 CIP 数据核字(2021)第 187362 号

特大城市城乡接合部社区治理研究
TEDA CHENGSHI CHENGXIANG JIEHEBU SHEQU ZHILI YANJIU

著　　者:李　晗
出版发行:上海交通大学出版社　　　　地　　址:上海市番禺路 951 号
邮政编码:200030　　　　　　　　　　　电　　话:021 - 64071208
印　　刷:上海天地海设计印刷有限公司　经　　销:全国新华书店
开　　本:710mm×1000mm　1/16　　　印　　张:12.25
字　　数:161 千字
版　　次:2021 年 9 月第 1 版　　　　　　印　　次:2021 年 9 月第 1 次印刷
书　　号:ISBN 978 - 7 - 313 - 25435 - 1
定　　价:69.00 元

版权所有　侵权必究
告 读 者:如发现本书有印装质量问题请与印刷厂质量科联系
联系电话:021 - 64366274

前　言

　　根据第七次全国人口普查的数据,上海的郊区人口达至 50.3%,提高了 2.5%,而中心城区人口降到 26.9%,下降了 3.4%。上海中心城区与郊区人口比率的持续扩大,正是这些年我国城市化进程不断推进的结果。作为中心城区与郊区结合地带的城乡接合部引起了学术界的关注,在过去的 20 年里相关的研究层出不穷。研究者们倾向于把城乡接合部视为人员混杂、环境杂乱、问题频发的地方。的确,它既不像中心城区,高楼林立、生机勃勃,充斥着现代化的痕迹,也不像乡村,田园牧歌、远离喧嚣,它更像是从乡村到城市渐变光谱的中间某处。然而,城乡接合部并不是"城""乡"要素的简单叠加,而是在城市郊区化和郊区城市化的双重作用下,演化出的具有复杂人口结构、利益关系和特殊社区形态、社区事务的独特地域空间。而在规模超大、密度超高、流动性和异质性极强的特大城市,城乡接合部更容易成为风险集聚的"高危"地带。因此,剖析特大城市城乡接合部社区治理中国家与社会的互动机制,讨论社区协同治理路径的发展思路,具有特殊重要的意义。

　　关于国家和社会在基层治理中是如何互动的,大致有三种视角。一种是国家中心主义的,重视国家对社会的整合;一种是社会中心主义的,强调社会的自治能力。这两种理论视角虽然侧重点不同,但却隐含了相同的假设,即国家与社会之间存在清晰的界限,两者只有竞争关系。而近年来越来越多的研究发现国家与社会相互作用、相互影响,提供了一种分析两者关系的新视角。本书从这种国家与社会互嵌的视角出发,结合结构分析和组织决策分析,建立结构—权力—行为的分析框架,分析国家与社会在特大城市城乡接合部社区治理运行中合作的路径与方式,进而回答"国家与社会是如何互动的""怎样形成国家与社会有效互动机制"这些重要问题。

　　本书选取征地拆迁和社区通两个案例展开分析。征地拆迁是特大城市城乡接合部镇政府的中心工作。对镇政府来说,土地收入是预算外收入的主要来源,灵活性和自主性均来源于此。对动迁村民来说,征地拆迁是"千年等一次"改变命运、发家致富的机会。因此,分析镇政府与动迁村民围绕征地拆迁展开的协商、谈判过程,是观察基层治理中国家与社会如何互动的一个绝佳切入点。如果说征地拆迁反映的是特大城市城乡接合部基层政府的经济职能,社区通则是基层政府借助信息技术,提升公共服务与社会治理能力的典型案例。

　　通过案例分析,本书试图呈现特大城市城乡接合部社区治理运行中国家与社会的互动机制。首先,基层政府的行为与行政体制的激励和约束密切相关。特大城市城乡接合部的镇政府,面对城乡并存的混合型社区样态、人口结构和利益关系复杂的社区主体和兼具城乡社区治理需求的社区事务,治理的难度和工作量已经超出了一般的城乡社区,但是与之相匹配的行政资源并没有呈现出相应的灵活性。由此可以解释,为什么镇政府对于能获取巨大预算外收入的征地拆迁,表现出极高的热情。当然,行政体制也通过统一管理、日常监督、年终考核的方式约束镇政府的行为。信息技术在基层治理中的运用,强化了上级政府的过程监控与结果考核,基层政府的行动空间被压缩,责任约束硬化。基层政府为了缓解治理任务与资源的张力,采取策略性手段释放压力、规避风险,导致基层治理的根本问题被遮蔽。

　　其次,国家和社会在基层治理中交互重叠、相互塑造。国家与社会之间的边界是模糊的,存在着交互重叠的第三领域,它们执行上级政策,推进公共服务和社会治理,既代表国家政策,也代表社区利益。国家与社会又是相互塑造的。国家制定规则,运用权力技术执行规则,规训社会。虽然信息技术在社会治理领域中的运用,让一些学者看到了国家与社会关系调整的可能性,但实际上,技术向国家和社会赋权不均,技术强化了国家权力向基层社会的延伸能力和控制能力,而公众参与却依然是国家在场,限定了内容与形式的参与。然而,国家并不是不受约束的,它同样被社会限制和改变着,比如政策的制定过程和执行方式。

再次,行动者通过权力互动再生产出了动态的权力关系和新的基层社会权力秩序。在基层治理中,基层政府、社会力量都在以各种方式生产自身的权力空间,并且不断运用自身权力影响对方决策,尽可能地利用对方资源实现自身目标,最终重构了权力关系和基层社会的权力秩序。

本书部分内容来自我的博士论文。感谢我的导师上海大学社会学院李友梅教授,以及张海东、张文宏、刘玉照、金桥、陆小聪、甄志宏、范明林、翁定军、徐冰、黄晓春、梁波等老师提出的宝贵建议。感谢上海工程技术大学张健明教授在调研过程中提供的大力支持。感谢 B 区 G 镇党委书记、镇长、镇动迁办主任、规土所所长以及相关干部的真诚接待。他们对于学术研究的理解与支持,让我能够获得第一手资料。他们对于基层政府面临问题的深思,时常让我感叹学术研究呈现复杂现实的滞后性。最后,感谢我的家人,他们的一路支持、陪伴、包容和理解,是支撑我完成研究的力量之源。

目　录

第一章

导　论

　　2014 年国务院颁布《国家新型城镇化规划（2014—2020 年）》时，"我国常住人口城镇化率为 53.7%，户籍人口城镇化率只有 36% 左右"[①]。根据国家统计局的数据，2019 年城镇化率为 60.60%，提前一年实现了常住人口城镇化率达到 60% 左右的目标。这些从农村迁移到城市的人口居住在城市的什么区域呢？霍尔（P. Hall）和菲弗（U. Pfeiffer）在城市研究中发现，农村人口迁徙的目的地是城市的边缘，因此，"对于发展中国家的'超级城市'来说，'城市化'在很大程度上就是'郊区化[②]'"。上海的人口迁移数据也印证了他们的观点，2011 年之后，上海郊区和中心城区迁入的户籍人口差异逐渐扩大，从 2011 年的 50.85∶49.15 扩大到 2018 年的 62.74∶37.26[③]。根据第七次全国人口普查（2020 年）的数据，上海中心城区人口占 26.9%，郊区人口占 50.3%。与 2010 年相比，中心城区人口所占比重下降 3.4 个百分点，郊

---

①　中共中央国务院.国家新型城镇化规划（2014—2020）[EB/OL].（2014 - 03 - 16）[2020 - 10 - 12]. http://www.gov.cn/zhengce/2014 - 03/16/content_2640075.htm.

②　HALL P, PFEIFFER U. Urban future 21: a global agenda for twenty-first century cities[M]. London: Routledge, 2000:95 - 96. 转引自艾伦·梅斯.城市郊区[M].田丰，陈剑晖，译.北京:社会科学文献出版社,2016:1.

③　根据 2012—2019 年的《上海统计年鉴》相关数据计算。

区提高 2.5 个百分点①。因此,城乡接合部成为观察城市化进程的一个重要场域。正如希尔维斯通所言,是时候"把对现代和后现代的研究重点从城市这口充满文化创造力的喧腾的大锅,轻轻地转向处在城市边缘的社会和文化空间②"。

第一节 推—拉之间:特大城市城乡接合部的形成

19 世纪末 20 世纪初,随着城市化的进程,西方一些大城市周边出现了兼具城市和乡村共同特征的地域形态。1936 年,德国地理学家赫伯特·路易斯(Hebert Louis)提出"城市边缘区"(stadtrand zone)的概念。20 世纪 70 年代,经济学、社会学等学科也开始关注到这类地域,学者们提出"城乡边缘区"(the rural-urban fringe)、"乡村—城市边缘带"(rural-urban fringe belts)、"城市边缘带"(urban fringe belts)、"转型区"(zone in transition)等概念。这类区域是城市中心的经济重心向农村扩张、工业用地和农业用地的混杂地带,兼具城市和乡村的特征,人口密度高于周边农村、低于中心城区③④。它不只是城市与乡村之间的过渡地带,也是城市功能与乡村功能逐渐过渡的地带⑤。

---

① 上海市统计局.上海市第七次全国人口普查主要数据发布[EB/OL].(2021 - 05 - 18)[2021 - 05 - 20]. http://tjj.sh.gov.cn/tjxw/20210517/4254aba799c840d2a54f9ef82858bcf5.html.

② SILVERSTONE R. Visions of suburbia[M]. London:Routledge,1997. 转引自艾伦·梅斯.城市郊区[M].田丰,陈剑晖,译.北京:社会科学文献出版社,2016:5.

③ ANDREWS R B. Elements in the urban fringe pattern[J]. Journal of land and public utility economics, 1942,18(May):169-183.转引自黄锐,文军.从传统村落到新型都市共同体:转型社区的形成及其基本特质[J].学习与实践,2012,34(4):75-82.

④ PRYOR R J. Defining the rural-urban fringe[J]. Social forces,1968,47(2):202-215. 转引自黄锐,文军.从传统村落到新型都市共同体:转型社区的形成及其基本特质[J].学习与实践,2012,34(4):75-82.

⑤ GALLENT N,ANDERSSON J. Representing England's rural-urban fringe[J]. Landscape research,2007,32(1):1-21.

国内学者在 20 世纪 80 年代后期,开始关注城乡接合部的发展。1988 年广州市规划局参照《关于划分城区、城乡结合部、农村地区管理范围的意见及有关管理要求的报告》,拟定了城乡接合部的划分原则,从此以后"城乡接合部"的概念开始被广泛使用。学者在研究这一地域的过程中,提出了一些相近概念,如"城市边缘区"[①-③]"城乡交错带"[④-⑤]"城乡交接带"[⑥]"城乡边缘带"[⑦]"城乡过渡区"[⑧] 等概念。2002 年,中央机构编制委员会办公室等发布了《关于贯彻落实〈国务院关于加强城乡规划监督管理的通知〉的通知》,将"城乡接合部"界定为"规划确定为建设用地,国有土地和集体所有用地混杂地区;以及规划确定为农业用地,在国有建设用地包含之中的地区"。学者们从生态系统、土地利用、人口结构、社会形态等多种视角对城乡接合部的概念进行界定。而"城乡接合部社区"是指介于城乡之间的第三种社区类型,既是中国都市化过程中普遍存在的一种社区类型,也是中国特有的土地征购政策、户籍管理政策体系下的产物。这些社区地处城乡接合部,总的特征就是亦城亦农[⑨]。

特大城市城乡接合部的形成受到各种力量的影响,总体来说,是城市郊区化的推力和郊区城市化的拉力双重作用的结果。一方面,特大城市中心区土地价格上涨,生产和生活成本高企,形成巨大的推力,促使中心区的产业和人口迁入城乡接合部。另一方面,特大城市城乡接合部的城市化水平

① 顾朝林,陈田,丁金宏,虞蔚.中国大城市边缘区特性研究[J].地理学报,1993,60(4):317-328.
② 崔功豪,武进.中国城市边缘区空间结构特征及其发展——以南京等城市为例[J].地理学报, 1990,57(4):399-411.
③ 涂人猛.城市边缘区——它的概念、空间演变机制和发展模式[J].城市问题,1991,10(4):9-12.
④ 胡聘,王如松.城乡交错带的生态控制论分析——天津实例研究[J].生态学报,1996,16(1):50- 57.
⑤ 陈佑启.城乡交错带名辩[J].地理学与国土研究,1995,11(1):47-52.
⑥ 吴良镛,刘健.北京城乡交接带土地利用的发展变化[J].北京规划建设,1997,11(4):45-49.
⑦ 张建明,许学强.城乡边缘带研究的回顾与展望[J].人文地理,1997,12(3):9-12.
⑧ 王静爱,等.北京城乡过渡区土地利用变化驱动力分析[J].地球科学进展,2002,17(2):201-208.
⑨ 周大鸣,高崇.城乡接合部社区的研究——广州南景村 50 年的变迁[J].社会学研究,2001,16 (4):99-108.

不断提升,地理位置优势与低廉的生产和生活成本形成拉力,吸引产业和人口汇聚于此①。

一、推力:城市郊区化

郊区化是城市积聚到一定程度,人口、产业等经济要素向外迁移的一种离心扩散现象,是城市化经历了中心区绝对集中、相对集中和相对分散以后的一个绝对分散阶段②-⑤。狭义的郊区化指中心区的人口和功能外迁致其停滞或衰退,广义的郊区化还包含城市性和农村性功能因素、人口和土地利用⑥。

西方国家的郊区化始于20世纪20年代,50—60年代达到高潮;70年代左右完成了郊区化与绿带开发;80—90年代,郊区次级中心大量兴起,郊区的商业、消费和社会服务的聚集效应逐步显现,对中心区的社会、经济结构形成挑战,形成了"新郊区化"⑦。纽约、伦敦、巴黎、东京等世界主要大都市区在发展的过程中都倾向于将集聚的城市人口、产业、功能向外疏解,都经历了从"高度向心聚集到快速离心扩散,由居住郊区化到商业活动郊区化,再到办公郊区化"⑧的空间扩张过程。不过由于各个城市的政府体制、政策

---

① 在西方国家,城市中心区即行政上的中心市(central city),郊区即中心市以外的建成区或都市区。中国的城市地域可以划分为城市中心区、近郊区和远郊区三个圈层。上海的中心区为黄浦、卢湾、徐汇、长宁、静安、普陀、闸北、虹口、杨浦,近郊区为浦东新区、宝山、闵行、嘉定,远郊区为松江、青浦、金山、南汇、奉贤、崇明(石忆邵,谭文垦.从近域郊区化到远域郊区化:上海大都市郊区化发展的新课题[J].城市规划学刊,2007,50(4):103-107.)。其中,2009年,南汇并入浦东新区,2011年黄浦与卢湾合并为新的黄浦区,2015年静安与闸北合并为新的静安区。

② 顾朝林,吴莉娅.中国城市化研究主要成果综述[J].城市问题,2008,26(12):2-12.

③ 周一星,孟延春.中国大城市的郊区化趋势[J].城市规划汇刊,1998,42(3):22-27.

④ 石忆邵,谭文垦.从近域郊区化到远域郊区化:上海大都市郊区化发展的新课题[J].城市规划学刊,2007,50(4):103-107.

⑤ 黄忠怀.空间重构与社会再造——特大城市郊区社区发展研究[M].上海:华东理工大学出版社,2012:47-48.

⑥ 孙群郎.试析美国城市郊区化的起源[J].史学理论研究,2004,13(3):44-54.

⑦ STANBACK T M. The new suburbanization[M]. Boulder, CO: Westview, 1991:120.

⑧ 屠启宇,金芳,等.金字塔尖的城市:国际大都市发展报告[M].上海:上海人民出版社,2007:35.

导向、社会结构、文化理念、自然环境等因素的差异,每个城市选择的空间扩张方式不同,从而产生了相异的效果。

20世纪80年代,中国的郊区化在计划经济向市场经济过渡的过程中开始出现。首先表现为人口的郊区化。当城市中心区的人口增速放缓,在城市总人口中的比重下降,就出现了相对分散的趋势。之后,城市中心区人口出现绝对数量下降,就进入绝对分散阶段,即人口郊区化。周一星和孟延春认为,1982年以后中国的大城市开启了郊区化进程。1982—1993年,上海中心人口减少2.8%,共15.4万人。这一时期,人口主要迁往近郊区,北京的近郊区人口增速为4.34%,上海为4.10%[1]。1990—2000年,上海中心区特别是内环线以内的核心城区人口密度大幅度下降,中心区人口密度下降了14.9%,其中核心城区下降了23.3%;同时,郊区人口密度迅速增长,增幅达37.6%。郊区新增人口主要集中在近郊区,增幅为80%,远郊区的人口增幅仅为2.6%[2]。进入21世纪,人口向远郊区迁移,远郊区的人口增长率上升并超过了近郊区[3]。2009—2013年,上海市年均新增外来常住人口89.6万人,80%以上被郊区吸纳,远郊区人口增长速度快于近郊区[4]。

其次是产业的郊区化。20世纪90年代初,上海产业结构"退二进三",调整产业布局[5]。市区以第三产业为主,一部分都市型工业为辅(如高附加值且符合环保原则的电子信息业、服装服饰业、食品业、设计印刷业、装饰装

① 周一星,孟延春.中国大城市的郊区化趋势[J].城市规划汇刊,1998,42(3):22-27.
② 杨上广,吴柏均.城市空间郊区化演变趋势及问题——以上海市为例[J].城市问题,2009,28(1):57-61.
③ 王放.从第六次人口普查看北京市郊区化的发展[J].人口与发展,2015,21(6):30-37.
④ 张丹妮,周之聪.后郊区化背景下城乡规划中的地方政府角色探析——以南京为例[C]//中国城市规划学会.城乡治理与规划改革——2014中国城市规划年会论文集(13区域规划与城市经济)[出版者不详],2014:14.
⑤ 退二进三是指20世纪90年代,为加快经济结构调整,鼓励一些产品没有市场或者濒于破产的中小型国有企业从第二产业中退出来,发展商业、服务业等第三产业。"退二"就是对内环路以内及附近重污染、能耗大、效益差的工业企业有重点、分层次、分区域、分时段进行搬迁、改造或关闭停产。《国务院办公厅转发国家计委关于"十五"期间加快发展服务业若干政策措施意见的通知》(国办发〔2001〕98号)

潢业等),工业布局的重心转移到郊区。按照这一原则,市区原有工业企业的三分之一予以保留,三分之一关停并转,三分之一向外搬迁,位于市区核心地带的中央商务区基本上只发展第三产业。据统计,截至 2000 年底以前,上海有 1 000 多家企业和生产点从中心区迁往郊区①(见表 1-1)。"十五"期间,上海继续优化"三圈"工业布局,即"内环线以都市型工业为主,内外环线之间以都市型工业、高科技工业及配套工业为主,外环线以外以装备类工业和基础原材料工业为主。"同时,重点建设"一城九镇",即松江新城和安亭、罗店、朱家角、枫泾、浦江、高桥、周浦、奉城、堡镇 9 个中心镇。"十一五"期间,形成五条向外经济发展轴,引导中心城区产业向郊区发展和布局②。2018 年 11 月,《上海产业地图》正式上线,明确了上海"一心一环两带多区"的产业布局,中心区重点发展高端服务业,而以战略性新兴产业、先进制造业为代表的高端产业集中在郊区③(见图 1-1)。

表 1-1   上海工业布局变化(占全市的比例)④

项目	中心市区		边缘市区		近郊区		远郊区	
时间	1993 年	1999 年	1993 年	1999 年	1993 年	1999 年	1993 年	1999 年
工业企业数(%)	14.3	6.8	23.2	16.0	27.8	42.4	34.5	34.8
从业人数(%)	17.4	10.0	31.1	21.1	28.7	41.4	22.8	27.5
总产值(%)	15.5	8.5	27.5	16.2	40.5	54.9	16.4	20.5

---

① 张善余.产业调整与上海城市人口再分布[J].华东师范大学学报(哲学社会科学版),2001,49(4):85-90.

② 杨上广,吴柏均.城市空间郊区化演变趋势及问题——以上海市为例[J].城市问题,2009,28(1):57-61.

③ "一心",指都市高端服务核心区,即黄浦、静安、徐汇、长宁、普陀、虹口、杨浦等区,重点发展以金融服务、现代商贸、文化创意为代表的高端服务业;"一环",指中外环融合性数字产业发展环,即中外环附近地区,重点发展以人工智能、大数据、工业互联网为代表的融合性数字产业;"两带",指嘉青松闵、沿江临海高端产业集群发展带,即嘉青松闵(嘉定、青浦、松江、闵行)、沿江临海(崇明、宝山、浦东、奉贤、金山),重点打造以战略性新兴产业、先进制造业为代表的高端产业集群;"多区",指产业重点区域,即打造一批特色产业集聚区。

④ 张善余.产业调整与上海城市人口再分布[J].华东师范大学学报(哲学社会科学版),2001,49(4):85-90.

注：中心市区包括黄浦、南市、卢湾、静安、虹口五区，它们基本上都位于内环线以内；边
缘市区包括徐汇、普陀、闸北、杨浦五区，它们大部分位于内外环线之间；近郊区包括
浦东、闵行、宝山、嘉定四区；远郊区包括金山、松江、青浦、南汇、奉贤、崇明六区县。

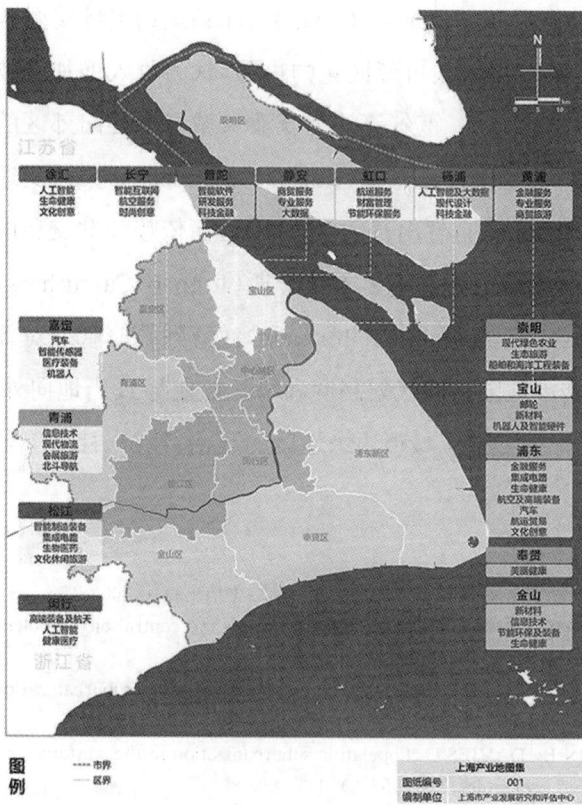

图 1-1 上海市各区产业定位图

数据来源：上海市人民政府.上海市产业地图[EB/OL].(2018-11-07)[2020-10-21].http://map.sheitc.sh.gov.cn/index.html.

什么因素推动了人口和产业的郊区化呢？早期的郊区化研究就集中讨论了郊区化的起源和形成动因。阿瑟·奥沙利文（Arthur O'sullivan）从产

业发展(制造业、零售业)和人口要素等方面分析了郊区化的形成机制①。埃德温·米尔斯(Edwin S. Mills)等研究了人口和就业的郊区化之后,指出政府财政和社会措施也是郊区化的重要起因②③。巴里·埃德蒙斯顿(Barry Edmonston)和奥马尔·戴维斯(Omar Davies)运用定量模型描述了1900—1970年代美国西部城市人口郊区化的进程,认为收入增加和技术进步是人口分散化的重要动力④。霍尔等认为就业从城市中心向郊区的流动带来郊区化的发展⑤⁻⑦。凯伦·科佩基(Karen A. Kopecky)强调交通发展对居住空间的重构作用,富人自驾出行远离市中心,而依赖公共交通的穷人则更倾向于住在市中心附近⑧。约翰·卡拉瑟斯(John I. Carruthers)和古德蒙杜尔·乌尔法松(Gudmundur F. Ulfarsson)注意到政府管理对郊区居住空间重构的影响,如本地限制性区划制度和增长控制导致当地向外围蔓延⑨,以及政府管理的形式塑造了城市边缘地区的政治、经济、社会等各方面的形态

① 阿瑟·奥沙利文.城市经济学[M].周京奎,译.北京:中信出版社,2002:15 - 178.
② MILS E S, PRICE R. Metropolitan suburbanization and central city problems[J]. Journal of urban economics, 1984,15(1):1 - 17.
③ MIESZKOWSKI P, MILLS E S. The causes of metropolitan suburbanization[J]. Journal of economic perspectives, 1993,7(3):135 - 147.
④ EDMONSTON B, DAVIES O. Population suburbanization in the western region of the United States[J]. Land economics, 1976,52(3):393 - 403.
⑤ HALL P. Industrial London: a general view[M]// COPPOCK J T, PRINCE C. Greater London: Faber and Faber, 1964: 225 - 245.转引自艾伦·梅斯.城市郊区[M].田丰,陈剑晖,译.北京:社会科学文献出版社,2016:15.
⑥ WEITZ J, CRAWFORD T. Where the jobs are going: job sprawl in US metropolitan regions, 2001—2006[J]. Journal of the American planning association, 2012,78(1):53 - 69. 转引自艾伦·梅斯.城市郊区[M].田丰,陈剑晖,译.北京:社会科学文献出版社,2016:15.
⑦ WALKER R, LEWIS R D. Beyond the crabgrass frontier: industry and the spread of North American cities, 1850—1950[J]. Journal of historical geography, 2001,27(1):3 - 19.转引自艾伦·梅斯.城市郊区[M].田丰,陈剑晖,译.北京:社会科学文献出版社,2016:15.
⑧ KOPECKY K A, SUEN R M. A quantitative analysis of suburbanization and the diffusion of the automobile[J]. International economic review, 2010,51(4):1003 - 1037.
⑨ CARRUTHERS J, ULFARSSON G. Fragmentation and sprawl: evidence from interregional analysis[J]. Growth and change, 2002,33(3):312 - 340.

特征①。除此之外,西方郊区化的一个重要原因,是黑人等少数族裔、移民和低收入者在中心区聚集,"疾病、犯罪、道德败坏、贫穷、移民和社会无序的恐惧"驱使中产阶级从中心区迁出,追求较好的学校、较大的活动空间和种族分离的居住环境,或者说是"中产阶级相对于他们自己创造出来的城市工业世界的异化"②。在郊区化导致社会群体的居住分异后,郊区成为地位的象征,中产阶级试图通过约束性契约等方式形成同质且稳定的住宅领地,进一步推动了郊区化的发展③④。

导致中国特大城市的人口和产业向郊区迁移的原因是什么呢? 与西方郊区化的生产机制有什么差异呢?

第一,土地有偿使用制度的建立。这是撬动中国城市郊区化进程的基本动力。中华人民共和国成立以来,城市土地实行的是"无偿、无期限、无流动"。而 1987 年 12 月 1 日深圳首次公开拍卖了一宗土地 50 年的使用权,开启了土地使用权与所有权分离、土地使用权依法转让的大幕。1988 年《中华人民共和国宪法修正案》,增加了"土地使用权可以依法转让"的规定。同年《中华人民共和国土地管理法》修订,明确了"国家实行国有土地有偿使用制度""国有和集体所有的土地使用权可以依法转让"。1990 年 5 月,国务院发布《中华人民共和国城镇国有土地使用权出让和转让暂行条例》,土地制度向"有偿、有期限、有流动"转变。在此基础上,各个城市开始土地分等定级、评定基准地价。根据阿朗索的级差地租—空间竞争理论,地租支付能力决定了不同产业和住宅等的区位分布状态,也就是说级差地租塑造了城市产业的空间格局⑤。改革后,城市中心区的地价远远高出郊区同类用地价格,

① PHELPS N A, PARSONS N. Edge urban geographies: notes from the margins of Europe's capital cities [J]. Urban studies, 2003,40 (9):1725-1749.
② 罗伯特·M.费格尔森.布尔乔亚的噩梦:1870—1930 年美国城市郊区[M].朱歌姝,译.上海:上海人民出版社,2007:4.
③ 艾伦·梅斯.城市郊区[M].田丰,陈剑晖,译.北京:社会科学文献出版社,2016:47.
④ 孙群郎.美国城市郊区化研究[M].北京:商务印书馆,2005:121.
⑤ 张庭伟.1990 年代中国城市空间结构的变化及其动力机制[J].城市规划,2001,25(7):7-14.

土地价格的差异导致城市土地功能的空间置换，工业企业、仓库等迁入郊区，而对区位较敏感、支付地租能力较强、收益率更高的商业、贸易、金融、旅馆等第三产业成为中心区的主导产业。

第二，城市住房商品化改革。1998 年 7 月，发布《国务院关于进一步深化城镇住房制度改革加快住房建设的通知》，取消福利分房制度，启动住房商品化改革。城市居民的住房需求被释放，各个城市的房地产业蓬勃发展。市区的高房价对中低收入群体形成了从中心区向郊区迁移的推力①。新兴的中产阶级为了获得更宽敞、更便宜的住房开始在郊区购房，旧房改造的拆迁户和低收入者向郊区的动迁安置房和经济适用房迁移。郊区环境优美的别墅区对偏好良好生态环境的高收入群体也形成了拉力。房价的推拉效应使不同群体在郊区聚居，但是不同居住区的房价差异导致了各群体间的居住分离和城市空间的重新分配。

第三，交通、通信等基础设施的改善。20 世纪 90 年代以后，上海城市交通投资大幅度增加。中心区建成了内环、中环高架、南北高架、数条地铁线等立体交通工程，形成了"三横三纵"道路骨架和"申"字形高架网络。2003年 6 月，外环线全线建成通车。截至 2019 年底，已经建成 16 条越江隧道和13 座跨江大桥。城市交通设施建设，一方面缩短了中心区与郊区的距离，降低了通勤成本，使企业和人口向郊区迁移成为可能；另一方面推动城市土地升值，尤其是轨道交通建设拉动了沿线的房地产开发，带动公共服务设施配套和商业服务发展，对外来居民形成拉力，吸引他们迁入郊区。通信技术的快速发展在一定程度上打破了时间和空间对企业获取信息的限制，企业之间、企业的生产部门与经营部门之间可以在空间上分离，推动企业向郊区迁移②。

第四，群体迁移聚居。外来人口迁入郊区是一个由社会关系网驱动的过程。正如威廉·托马斯（William I. Thomas）和弗洛里安·兹纳涅茨基

---

① 杨上广，吴柏均.城市空间郊区化演变趋势及问题——以上海市为例[J].城市问题，2009，28(1)：57－61.

② 刘秉镰，郑立波.中国城市郊区化的特点及动力机制[J].理论学刊，2004，21(10)：68－71.

(Florian Znaniecki)在《身处欧美的波兰农民》中所言,移民并不是孤立地站在一个与之文化相异的群体中,而是处于一个同质的群体中。移民在目的地稳定地生活后,会将其社会关系(亲属、朋友)吸引过来,因为他习惯与在旧有的同质的社会关系(初级群体)中获得呼应和承认①。外来人口通过血缘和地缘关系聚居,在诸如"浙江村""新疆村"的聚居地内部,形成了劳动力、资金等要素的内部市场和内部交易信用②。这种群体的聚集帮助外来人口找到合理的谋生和发展手段③,缩小与本地居民之间的社会距离④,增强他们的利益谈判能力⑤,为他们化解新环境的生存风险提供集体化应对策略和庇护⑥⑦。

　　总的来说,中国特大城市郊区化的生成机制既有与西方相同的地方,如城市规划、产业调整、交通发展、族裔迁移等,也有相异之处。西方的郊区化是城市中心区的社会、环境出现严重问题后,中产阶级为改善生活品质开始的迁移过程。当然市场供给和政策导向也发挥了重要作用⑧。城市政体论

① W. I. 托马斯,F. 兹纳涅茨基.身处欧美的波兰农民[M].张友云,译.南京:译林出版社,2000:120.
② 王汉生,刘世定,孙立平,项飚."浙江村":中国农民进入城市的一种独特方式[J].社会学研究,1997,12(1):58-69.
③ 王春光.新生代农民工城市融入进程及问题的社会学分析[J].青年探索,2010,27(3):5-15.
④ 王桂新,武俊奎.城市农民工与本地居民社会距离影响因素分析——以上海为例[J].社会学研究,2011,25(2):28-47.
⑤ 蔡禾,李超海,冯建华.利益受损农民工的利益抗争行为研究——基于珠三角企业的调查[J].社会学研究,2009,24(1):139-161.
⑥ 李树茁,任义科,靳小怡,费尔德曼.中国农民工的社会融合及其影响因素研究——基于社会支持网络的分析[J].人口与经济,2008,29(2):1-8.
⑦ 张友庭.污名化情境及其应对策略:流动人口的城市适应及其社区变迁的个案研究[J].社会,2008,28(4):126-147.
⑧ 戈蒂纳(Gottdiener)和哈特森(Hutchison)指出郊区化存在需求和供给两方面,而且是相互交织的(GOTTDIENER M, HOHLE R, KING C. The new urban sociology[M]. 6th ed. New York: Routledge, 2019.).德雷耶(Dreier)等指出美国通过修建高速公路和刺激自由住房的联邦政策促进了郊区化(DREIER P, MOLLENKOPF J, SWANSTROM T. Metro politics for the twenty-first century[C]// LIN J, MELE C. The urban sociology reader [C]. 2nd ed. London: Routledge, 2013:148-156.) 1989年柏林墙倒塌后,自有住房促进计划导致人们从城市向近郊大量迁移,加速了德国东部城市萎缩(HANNEMANN C. Marginalisierte Städte: Probleme, Differenzierungen und chancen ostdeutscber kleinstädte im schrumpfungsprozess[M]. Berlin: Berliner Wissenschafts-Verlag, 2004.),转引自艾伦·哈丁,泰尔加·布劳克兰德.城市理论[M].王岩,译.北京:社会科学文献出版社,2016:133-134.

者认为,在美国的城市发展中,政府、市场和社区形成的城市政体联盟的内部关系影响着城市空间的形成和变化。至于哪一主体起主导作用,学者们各执一词,或是强调商业团体在政府收入和城市发展中的重要作用[1],或是认为政治优于市场[2]。

中国特大城市的郊区化是为了缓解城市中心区过密化带来的环境、交通、住房、医疗等城市问题,是以土地财政为基础的,在政府干预和市场竞争的双重作用下展开的有计划、有组织的迁移。与美国等西方国家相比,政府与市场的关系更加微妙,郊区化的作用方式也更加复杂。诚如周黎安所言,"如果沿用主流经济学关于政府与市场关系的概念与范式诠释中国的增长奇迹,我们只能在'政府主导''市场主导'或者'政府与市场均衡结合型'的概念谱系里'三选一'。拜中国增长故事的丰富性和复杂性所赐,对于上述任何一个选项,我们都可以摘取相应的证据加以论证;同时,每一个选项又都面临着支持另外两个选项的证据和抗辩。"[3]周黎安提出的"官场+市场"理论,似乎更适合解释中国郊区化独特的生成机制。中国的郊区化过程同时也是市场化和改革开放的过程,一个城市的郊区化进程取决于政府与市场的合作与互动。政府与市场相互嵌入、相互纠缠,复杂的互动格局使彼此边界极其模糊。

政府的土地有偿使用制度改革和住房商品化改革是推动城市郊区化的根本动力,而这两项改革亦是政府引入市场机制解决发展问题、释放发展压力的一种尝试。地方政府通过土地功能置换,将一些中心区的企业和旧危房居民迁入郊区,并经由土地拍卖,出让城市土地使用权。住房商品化改革推高的房地产市场,使地方政府获得高额的土地增值收益。地方政府再将

① ELKIN S L. City and regime in the American Republic[M]. Chicago:University of Chicago Press,1987.
② STONE C N. SANDERS H T. The politics of urban development[M]. Lawrence:University Press of Kansas,1987.
③ 周黎安."官场+市场"与中国增长故事[J].社会,2018,38(2):1-45.

这些收益用于基础设施建设投资、工业用地的成本补贴和工业企业的税收补贴,转化为启动城市化的巨大资本[1](见图1-2)。

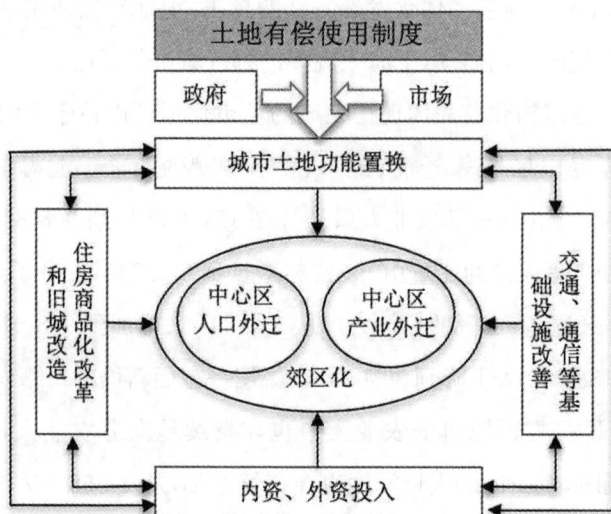

图1-2 中国郊区化的生成机制

二、拉力:郊区城市化

郊区城市化是在离心力、向心力以及自身的各种力量作用下,乡村地域向城镇地域转化的过程[2]。这一转化过程包括城镇化(农村地域向城市地域转化)、产业结构城市化(农业向城市产业转化)、人口城市化(农业人口向非农人口转化)和居民生活方式城市化(农村生活方式向城市生活方式转化)[3]。

上海郊区的城市化起源于六七十年代城市国营企业与乡村社队企业的

① 华生.城市化转型与土地陷阱[M].北京:东方出版社,2013:73.
② 周一星,孟延春.中国大城市的郊区化趋势[J].城市规划汇刊,1998,42(3):22-27.
③ 邹建平.郊区城市化发展的动力新模式——江宁区"园区带镇"模式研究[J].现代城市研究,2007,22(1):46-50.

联营协作[1]。1978 年,上海郊区社队工业产值为 28.99 亿元,占社队工农业总产值的 52.15%[2],工业已经成为郊区产业的重点发展对象。80 年代中后期,随着上海市政府城乡一体化发展方针的提出、土地有偿使用制度的实施和城市住房制度改革的启动,上海大规模的郊区城市化开始了。

上海的郊区城市化首先体现在人口的城市化上。以位于上海市北部的宝山区为例,宝山区毗邻杨浦、虹口、静安和普陀,属于上海的近郊区。1990—2015 年,宝山区的非农业人口从 352 579 人增长到 908 877 人,增长了 2.58 倍;占户籍人口的比重由 65.19%增长到 95.87%,上升了近 31 个百分点(见表 1-2)。宝山区的户籍人口从 540 841 人增加到 948 019 人,但是农业人口从 188 262 人下降到 39 142 人,说明一方面新增的户籍人口主要为非农业人口,另一方面原有的农业人口也在持续地向非农业人口转移(见图 1-3)。同时,宝山区的人口密度也在持续增加,从 1 358 人/平方公里增加到 7 465 人/平方公里,增幅达 5.5 倍。

表 1-2　上海市宝山区 1990—2015 年人口变化表[3]

年份	年末户籍人口(人)	农业人口(人)	非农业人口(人)	农业人口比重(%)	非农业人口比重(%)	人口密度(人/平方公里)
1990	540 841	188 262	352 579	34.81	65.19	1 358
1995	612 584	151 136	461 448	24.67	75.33	1 629
2000	739 410	121 276	618 134	16.40	83.60	1 949
2001	759 691	117 521	642 170	15.47	84.53	1 808
2002	772 339	115 477	656 862	14.95	85.05	2 028
2003	784 334	112 397	671 937	14.33	85.67	2 057
2004	796 765	103 809	692 956	13.03	86.97	2 089

---

[1] 施倩,宁越敏.长江三角洲北翼外商投资的特点与效应分析[J].经济地理,1996,16(4):27-31.

[2] 杨栋.加速上海市郊区城市化途径研究[D].上海:同济大学,2008.

[3] 宝山区 2015 年以后取消了农业人口与非农业人口的划分,2005 年以后开始区分常住人口和户籍人口的人口密度,表 1-2 中 2005 年以后数据为常住人口的人口密度。

（续表）

年份	年末户籍人（人）	农业人口（人）	非农业人口（人）	农业人口比重(%)	非农业人口比重(%)	人口密度（人/平方公里）
2005	807 980	88 419	719 561	10.94	89.06	4 817
2006	815 905	78 943	736 962	9.68	90.32	4 897
2007	830 561	71 828	758 733	8.65	91.35	4 916
2008	846 945	64 885	782 060	7.66	92.34	5 189
2009	864 346	59 878	804 468	6.93	93.07	5 039
2010	882 854	55 868	826 986	6.33	93.67	7 032
2011	895 144	50 782	844 362	5.67	94.33	7 140
2012	906 501	47 403	859 098	5.23	94.77	7 277
2013	919 688	44 352	875 336	4.82	95.18	7 414
2014	936 043	40 789	895 254	4.36	95.64	7 469
2015	948 019	39 142	908 877	4.13	95.87	7 465

数据来源：根据《宝山年鉴》(1991、2010)[1][2]、《2018 宝山统计年鉴》[3]、《上海统计年鉴》(1996、2001—2016)[4][5]整理

其次，产业结构城市化。上海郊区的乡镇工业起步于 20 世纪 50 年代的社队工业，70 年代以后，打破了农村工业只能为农业服务的限制，乡镇企业开始为城市大工业配套服务。十一届三中全会以后，在国家政策的鼓励和支持下，乡镇工业生机勃勃，持续高速发展。截至 1997 年，上海郊区有乡镇企业 38 389 家，从业人员 144.9 万人，产值 1 903.3 亿元，分别占全市的

① 上海市宝山区地方志编纂委员会.宝山年鉴 1991[M/OL].上海：上海科学普及出版社，1991[2020 - 4 - 20].https://data.cnki.net/area/Yearbook/Single/N2008030029？z＝D09.
② 上海市宝山区地方志编纂委员会.宝山年鉴 2010[M/OL].上海：上海社会科学院出版社，2010[2020 - 4 - 20].https://data.cnki.net/area/Yearbook/Single/N2011030010？z＝D09.
③ 上海宝山区统计局，国家统计局宝山调查队.2018 宝山统计年鉴[M/OL].2018[2020 - 4 - 20].http://xxgk.shbsq.gov.cn/article.html？infoid＝06d5dff1-0985-4ba8-8761-7f460199f789.
④ 上海市统计局.上海统计年鉴 1996[M].北京：中国统计出版社，1996[2020 - 4 - 20].https://data.cnki.net/area/Yearbook/Single/N2009070163？z＝D09.
⑤ 上海市统计局.上海统计年鉴 2001—2016[M].北京：中国统计出版社，2001—2016.

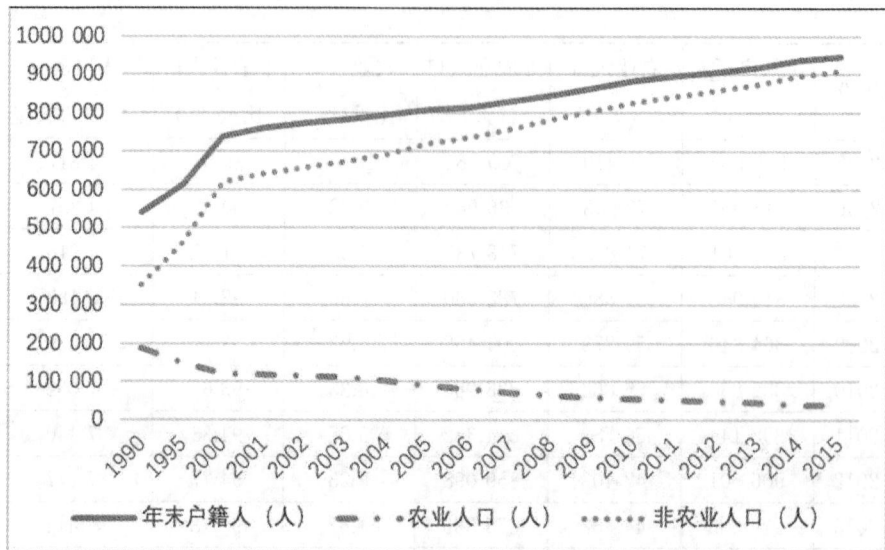

图1-3　上海市宝山区1990—2015年人口变化图

数据来源:根据《宝山年鉴2010》《2018宝山统计年鉴》整理。

80.5%、41%和34%,平均每乡(镇)有180个乡镇企业,每村有12个工厂①。80年代中后期,上海提出了"工业向园区集中"的政策,并启动产业布局调整。上海郊区乡镇纷纷设立工业园,形成以开发区为主的发展模式。开发区的成立,一方面改变了乡镇工业过于分散的格局,促使乡镇企业和人口向城镇集中;另一方面城镇配套的基础设施得以增加或改建,提升了城镇对外来人口的接纳能力。截至2000年,上海郊区共有200多个工业园区,其中国家级工业区8个、市级23个、区县级45个、乡镇级(批准或未批准)182个,规划总面积600多平方公里,基本上形成了"一镇(乡)一区"的格局①。乡镇工业和工业园区的发展改变了上海郊区的产业结构。以宝山区为例,在"九五"时期,第一产业、第二产业、第三产业的年均增长分别为3%、13.4%、

①　张永清,杜德斌.从"均衡发展"到"重点建设"——新形势下上海郊区城市化模式的探讨[J].上海城市规划,2001,11(2):33-37.

15.1%,到了"十三五"时期,三大产业的年均增长分别为 -11.3%、0.2%、8.7%,第一产业的增长值大幅度下降(见表1-3)。1990年宝山区非农产业的增加值占全区生产总值增加值的92.04%,而2018年非农产业的总值占全区生产总值的99.91%(见表1-4)。从1990年到2018年,非农产业的比重持续增加,宝山区的产业结构城市化进程持续推进(见图1-4)。

表1-3 上海市宝山区产业增长变化表

指标	平均每年增长(%)				
	"九五"时期	"十五"时期	"十一五"时期	"十二五"时期	"十三五"时期
增加值(可比增长)	13.8	18.7	13.8	3.3	5.3
第一产业	3	-7.6	-2.9	-5.2	-11.3
第二产业	13.4	20.7	13.8	-1.1	0.2
第三产业	15.1	17.5	13.9	8.5	8.7

数据来源:根据《宝山年鉴2010》[1]《2018宝山统计年鉴》[2]整理。

表1-4 上海市宝山区非农产业变化表[3]

年份	非农产业占地区生产总值比重	年份	非农产业占地区生产总值比重	年份	非农产业占地区生产总值比重
1990	92.04%	2005	99.39%	2012	99.72%

---

[1] 上海市宝山区地方志编纂委员会.宝山年鉴2010[M/OL].上海:上海社会科学院出版社,2010[2020-4-20].https://data.cnki.net/area/Yearbook/Single/N2011030010?z=D09.

[2] 上海宝山区统计局,国家统计局宝山调查队.2018宝山统计年鉴[M/OL].2018[2020-4-20].http://xxgk.shbsq.gov.cn/article.html? infoid=06d5dff1-0985-4ba8-8761-7f460199f789.

[3] 1990—2008年为非农产业增加值占地区生产总值增加值比重,2009—2018年为非农产业总值占地区生产总值比重。

（续表）

年份	非农产业占地区生产总值比重	年份	非农产业占地区生产总值比重	年份	非农产业占地区生产总值比重
1995	96.78%	2006	99.48%	2013	99.78%
2000	98.23%	2007	99.52%	2014	99.79%
2001	98.24%	2008	99.56%	2015	99.82%
2002	98.43%	2009	99.74%	2016	99.87%
2003	98.71%	2010	99.79%	2017	99.91%
2004	99.22%	2011	99.74%	2018	99.91%

数据来源：根据《宝山年鉴 2010》《2018 宝山统计年鉴》整理。

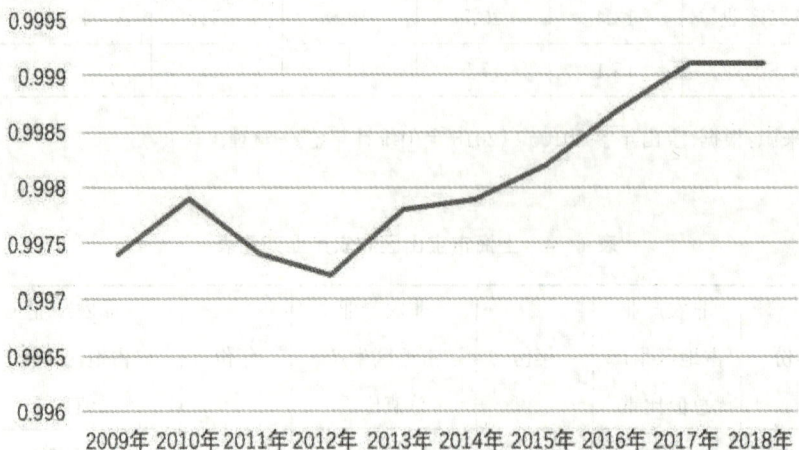

图 1-4　上海市宝山区 2009—2018 年非农产业总值比重变化图

郊区城市化是内生驱力和外源动力共同作用的结果。内生驱力主要来自乡镇工业的发展、农业劳动人口迅速增加与土地资源紧张的矛盾、农产品收入弹性较低、农民追求城市生活的意愿等。外源动力主要来自特大城市中心区的集聚扩散力、外来资本投入和外来人口涌入。首先,城市中心区的集聚扩散力的影响。中心区与郊区处于不同的经济梯度,因此,特大城市为了缓解中心区的人口、环境和资源压力,完成产业调整升级,就把制造业迁往郊区。随着中心区实力的不断增强,对周边郊区城镇的辐射能力也在不断增强。其次,外来资本投入的影响。改革开放以来,上海郊区利用外资的比重迅速增加。到1995年底,上海郊区共吸引外资96.17亿美元,其中1995年,上海郊区新批三资企业1 267家,占全市44.5%;协议吸引外资38.3亿美元,占全市36.3%。截至2002年底,郊区九个市级工业园区累计引进中外投资项目4 697个,吸引投资资金1 047.77亿元,其中外资项目1 210个,吸引投资资金97.64亿美元;内资项目3 487个,吸引投资资金239.8亿元[①]。外来资本除了投入工业园区之外,也大量投向了郊区房地产开发,推动郊区房地产市场发展。第三,外来人口涌入的影响。郊区工业的发展为外来人口提供了大量的工作岗位,郊区相对较低的生活成本也对来沪人员形成了巨大的吸引力。2017年上海外来人口规模为963.2万人,而103个乡镇的外来人口达到了653.2万人,也就是说67.82%的外来人口居住在郊区乡镇[②]。外来人口为郊区城市化注入了新的活力,外来人口的占比与乡镇的经济发展水平呈现正相关性。根据数据显示,上海外来人口规模排名前20的镇,外来人口的比重都超过了64.26%,外来人口占比最高的松江区的四个镇,外来人口的比重超过了80%(见表1-5)。

① 黄忠怀.空间重构与社会再造——特大城市郊区社区发展研究[M].上海:华东理工大学出版社,2012:58.
② 上海市发展和改革委员会,上海社会科学院.上海郊区发展报告2018—2019[M].上海:上海社会科学院出版社,2019:85.

表 1 - 5　2017 年上海常住人口规模、外来人口比重排名前 20 的镇

序号	常住人口（万人）			外来人口（%）		
1	宝山区	大场镇	38.16	松江区	车墩镇	87.60
2	浦东新区	三林镇	33.75	松江区	新桥镇	85.71
3	闵行区	梅陇镇	31.44	松江区	洞泾镇	81.65
4	宝山区	顾村镇	30.35	松江区	泗泾镇	80.85
5	浦东新区	北蔡镇	29.70	青浦区	华新镇	78.71
6	闵行区	辛庄镇	29.48	青浦区	徐泾镇	76.95
7	浦东新区	川沙新镇	29.48	浦东新区	唐镇	76.43
8	浦东新区	康桥镇	28.66	闵行区	华漕镇	73.61
9	浦东新区	惠南镇	27.72	青浦区	重固镇	73.46
10	嘉定区	江桥镇	27.39	嘉定区	徐行镇	73.21
11	闵行区	七宝镇	27.10	松江区	九亭镇	71.72
12	奉贤区	南桥镇	25.37	嘉定区	外冈镇	69.59
13	嘉定区	安亭镇	23.54	奉贤区	南桥镇	68.73
14	浦东新区	祝桥镇	22.36	嘉定区	马陆镇	68.19
15	闵行区	浦江镇	21.99	青浦区	赵巷镇	67.64
16	浦东新区	周浦镇	21.60	奉贤区	青村镇	67.59
17	浦东新区	张江镇	20.86	崇明区	长兴镇	66.23
18	宝山区	杨行镇	20.69	闵行区	虹桥镇	64.96
19	闵行区	颛桥镇	19.64	青浦区	白鹤镇	64.58
20	闵行区	马桥镇	19.50	浦东新区	高东镇	64.26

数据来源：《上海农业统计年鉴（2018）》，转引自上海市发展和改革委员会，上海社会科学院.上海郊区发展报告 2018—2019[R].上海：上海社会科学院出版社，2019：86.

　　城市郊区化与郊区城市化是推动特大城市城乡接合部形成的两股巨大力量。城市郊区化的推力，推动着中心区的人口和经济要素向城乡接合部延伸。郊区城市化的拉力，拉动乡村地域向城镇地域转化。两股力量相互

作用,互为促进。城市郊区化带来的规模效应与经济效益,以及扩散到郊区的城市要素与郊区内生驱动力的有机结合,有力地推动了郊区城市化的进程[①]。城市郊区化不仅推动郊区的农业现代化和工业转型升级,大量聚集在城乡接合部的迁移人口还形成聚集效应,推动供水、供电、交通、通信等基础设施建设,带动文化、娱乐、教育、商业、金融、贸易、房地产业等第三产业发展。而郊区城市化则为外迁的中心区居民提供舒适的居住空间,为企业提供优惠的生产空间。郊区城市化的水平越高,对城市的人口和产业的吸引力就越强,就越能够助力城市郊区化的进程,推动城乡接合部的发展。

第二节　特大城市城乡接合部社区的复杂性和特殊性

一、特大城市的复杂性和特殊性

联合国将100万人口以上的城市认定为特大城市,1980年国家住房和城乡建设部修订的《城市规划定额指标暂行规定》也使用这一标准界定我国的特大城市。2014年11月,《国务院关于调整城市规模划分标准的通知》将特大城市的标准提升为城市建成区常住人口500万~1 000万人。按照这一标准,我国的特大城市有11个,包括上海、北京、重庆、深圳、广州、天津、武汉、东莞、郑州、沈阳和南京。经过三十多年的高速发展,中国的特大城市显现出规模超大、密度超高、流动性和异质性极强的特征。

首先,特大城市的人口规模和空间规模超大。近年来,特大城市的人口规模扩张速度过快、幅度过大。从1978年到2018年,上海的常住人口数量从1 104万人增加到2 423.78万人,增长了2.20倍[②]。2006—2012年,全国

---

① 任英.基于城市郊区化与郊区城市化背景的城郊型新农村建设规划的思考[J].科技情报开发与经济,2009,19(25):154-155.

② 上海市统计局.上海统计年鉴2019[M].北京:中国统计出版社,2020.

特大城市的人口规模增长幅度高达 29.1%,是全部城市平均增幅的 2.2 倍[①]。与此同时,特大城市的空间规模也在持续快速扩张。1999—2012 年,特大城市的建成区面积平均扩张了 181.8%,远高于全部城市的 111.7%。"摊大饼式"的扩张,导致特大城市的无序蔓延。虽然,2006—2012 年特大城市的建成区面积平均扩张幅度为 27.8%,已出现明显下降,并且低于全部城市的平均增幅 35.4%[②]。但是,由于特大城市已经超载或接近超载,空间扩展速度仍然过快,而且城市空间的扩张速度超过了人口增长速度,属于过度扩张了。2010 年以来,党中央开始把"防止特大城市过度扩张"作为城市发展的政策导向,防止特大城市的人口规模和空间规模过度扩张。中央下发一系列文件,通过顶层设计严格控制特大城市的规模[②]。然而,这些探索并没有实现预期的成效。

其次,特大城市的人口密度超高。特大城市的人口、产业和资源过度集聚,导致中心区密度超高。1978 年,上海市的人口密度为 1 785 人/平方公里,2019 年增长到 3 830 人/平方公里,增长了 2.15 倍。上海中心区的人口密度远高于全市平均值,人口密度最高的虹口区为 33 816 人/平方公里,是全市平均值的 8.83 倍,中心区人口密度最低的长宁区为 18 110 人/平方公里,也达到了全市平均值的 4.73 倍(见表 1 - 6)。

[①] 魏后凯.中国特大城市的过度扩张及其治理策略[J].城市与环境研究,2015,2(2):30 - 35.

[②] 在控制特大城市用地规模扩张方面,《中共中央关于制定国民经济和社会发展第十二个五年规划的建议》和国家"十二五"规划纲要均明确提出,要"防止特大城市面积过度扩张";《全国主体功能区规划》又提出要"防止人口向特大城市中心区过度集聚";国土资源部在《关于下达〈2013年全国土地利用计划〉的通知》中则进一步提出"控制大城市建设用地规模,防止大城市过度扩张"。在控制特大城市人口规模扩张方面,党的十八届三中全会和中央城镇化工作会议均明确提出要"严格控制特大城市人口规模",《国家新型城镇化规划(2014—2020 年)》则提出"严格控制城区人口 500 万以上的特大城市人口规模"。转引自:魏后凯.中国特大城市的过度扩张及其治理策略[J].城市与环境研究,2015,2(2):30 - 35.

表 1-6　上海市 2019 年中心区土地面积、常住人口及人口密度

地　区	行政区划面积 （平方公里）	年末常住人口 （万人）	人口密度 （人/平方公里）
全　市	6 340.50	2 428.14	3 830
黄浦区	20.46	65.08	31 808
徐汇区	54.76	109.46	19 989
长宁区	38.30	69.36	18 110
静安区	36.88	105.77	28 680
普陀区	54.83	127.58	23 268
虹口区	23.48	79.40	33 816
杨浦区	60.73	130.49	21 487

数据来源：上海市统计局.上海统计年鉴 2020[M/OL].北京：中国统计出版社,2021[2021-05-02]. http://tjj.sh.gov.cn/tjnj/20210303/2abf188275224739bd5bce9bf128aca8.html.

　　再次,特大城市的流动性和异质性极强。特大城市的人口、资金、技术、信息等要素高速流动。尤其是随着全球化和城市化进程的加快,大量的国际和国内移民涌入特大城市,2018 年上海外来人口 976.21 万人,占全市常住人口的 40.3%[①]。这些流动人口成为城市经济社会发展重要助力的同时,也使"静态社会"转变为"流动社会"。大量外来人口导致特大城市的社会群体日益多元化。"特大城市的族群构成相对于一般城市而言,具有明显的多样性特征。"[②]这些群体具有不同的文化传统、宗教信仰、身份认同和阶层属性,人口的高异质性很容易导致不同群体间的冲突和矛盾,危害社会秩序的稳定。

　　特大城市在发展中还会出现资源分布的"洼地效应",即资源由一个或几个区位向另一个区位转移和聚集的过程。当城市中不同的区位存在空间差异,拥有特定权威性资源的区位就会将其他区位的人力、资本和技术等资

---

① 上海市统计局.上海统计年鉴 2019[M].北京：中国统计出版社,2020.

② 李友梅.我国特大城市基层社会治理创新分析[J].中共中央党校学报,2016,20(2)：5-12.

源吸附过来①。这样,资源分布的不均衡就会越来越明显,区位间的经济社会发展差异也就越来越大,部分区位资源过剩且空间拥挤,而部分区位资源匮乏,导致城市的不均衡发展。特大城市的优质公共服务资源,如基础教育、公共医疗、就业岗位等在中心区和郊区配置极其不均衡,中心区资源过度聚集,郊区资源匮乏且质量不高,而且近年来中心区与郊区的资源配置差异有所拉大。从医疗资源来看,2015 年,上海中心城区的万人医生数是郊区的 2.82 倍,2018 年增至 3.15 倍,提高了 0.33。如果把宝山和闵行作为拓展区纳入城区,拓展城郊比由 2.02 增加到 2.19,提高了 0.17,城区与郊区的差距增幅收窄(见表 1-7)。再看教育资源的差异,2015—2018 年,中心城郊比由 2.12 下降到 1.03,降低了 1.09,城区与郊区教育资源的配置差异缩小,但是仍然较为明显②③。郊区的公共资源数量和质量仍与中心区存在一定差异,尤其是医疗资源差异较大,高收入群体为享有高质量的公共资源选择在中心区居住,而中低收入群体受经济能力所限只能在郊区居住,城市的极化发展进一步造成了居住的空间分异,带来城市内部的社会问题。不仅如此,特大城市中心城区的人口规模已经超过了最优规模,出现集聚不经济,具体表现为资源紧缺、环境脆弱、交通拥挤、房价上涨等一系列城市问题。

表 1-7 上海城郊医疗和教育资源分布差异

地区	万人医生数(人)				百名小学生均专任教师数(人)			
	2015 年	2016 年	2017 年	2018 年	2015 年	2016 年	2017 年	2018 年
中心城郊比	2.82	2.84	2.83	3.15	2.12	2.08	1.04	1.03
拓展城郊比	2.02	2.04	2.04	2.19	1.04	1.01	0.99	0.99

数据来源:上海市发展和改革委员会,上海社会科学院.上海郊区发展报告 2018—2019

---

① 李宏,杨桓,刘仁忠.论我国特大城市空间拥挤的制度根源与治理路径——基于空间政治的视角[J].湖北社会科学,2017,31(9):44-51.
② 上海市发展和改革委员会,上海社会科学院.上海郊区发展报告 2018—2019[R].上海:上海社会科学院出版社,2019:41.
③ 上海市发展和改革委员会,上海社会科学院.上海郊区发展报告 2019—2020[R].上海:上海社会科学院出版社,2021:43.

[R].上海:上海社会科学院出版社,2019:41-42.上海市发展和改革委员会,上海社会科学院.上海郊区发展报告 2019—2020[R].上海:上海社会科学院出版社,2021:43.

全球化和信息化使特大城市面临更大的挑战。首先,相比于一般城市,特大城市更深地卷入全球化进程。全球化不仅意味着人口、信息、技术、资本、文化等要素快速流动,并不断被卷入相互适应的过程,而且意味着在国际分工、协作、交易中逐渐形成彼此认可的合作规则与沟通方式。全球化深刻地影响着特大城市的产业结构和社会结构。萨斯基亚·萨森(Saskia Sassen)在《全球城市》中分析了"空间传播和全球一体化的结合如何为主要城市开创了一个新的战略作用"[1],她认为全球化通过市场机制把低价值的经济活动驱逐出了这些城市[2]。其次,信息化带来特大城市经济、社会运行的根本性重构。截至 2017 年 6 月,中国网民规模达到 7.51 亿,占全球网民总数的 1/5;互联网普及率为 54.3%,超过全球平均水平 4.6 个百分点[3]。到 2020 年 3 月,中国网民规模增长至 9.04 亿,互联网普及率上升为 64.5%。截至 2019 年 12 月,国内市场上监测到的 App 数量为 367 万款[4]。新一代信息技术被广泛应用于网络购物、在线教育、网络娱乐、旅行预订、社会交往、政府治理和企业运营等多个领域。信息技术与产业融合,使数字经济成为特大城市经济发展的新引擎。区块链技术、5G 技术、人工智能和大数据技术不断创新,推动着特大城市的产业转型升级。信息技术赋能社会人员超越

[1] SASSEN S. The global city: New York, London, Tokyo[M]. Princeton: NJ University Press, 1991:3. 转引自艾伦·哈丁,泰尔加·布劳克兰德.城市理论[M].王岩,译.北京:社会科学文献出版社,2016:75.

[2] SASSEN S. The repositioning of cities and urban regions in a global economy: pushing policy and governance options[C]// In OECD, What policies for global cities? Rethinking the urban policy agenda. Paris: OECD, 2007:95-99. 转引自艾伦·哈丁,泰尔加·布劳克兰德.城市理论[M].王岩,译.北京:社会科学文献出版社,2016:76.

[3] 中国互联网络信息中心.第 40 次中国互联网络发展状况统计报告[R/OL].(2017-08-04)[2020-11-07].http://www.cac.gov.cn/2017-08/04/c_1121427728.htm.

[4] 中国互联网络信息中心.第 45 次中国互联网络发展状况统计报告[R/OL].(2020-04-28)[2020-11-07].http://www.cac.gov.cn/2020-04/27/c_1589535470378587.htm.

地理空间的限制,实现远距离的合作与协同,不同群体和组织聚合为一个高度整合的系统。同时,信息技术在组织中的运用,也改变了组织的运行规则,重塑组织结构①。

作为规模超大、密度超高、流动性和异质性极强的特大城市,在全球化和信息化的影响下,多阶段多类型的风险集聚。联合国经合组织(OECD)曾提醒 21 世纪经合组织国家将面临严重的新兴系统风险,即人类赖以生存的医疗卫生系统、交通运输系统、能源供应系统、食品和水供应系统、信息和通信系统所将遭遇的威胁。我国特大城市遇到的是不同社会阶段、多种类型的风险在同一时空叠加下的考验,既有传统的常规风险,又有非传统风险②。首先,特大城市面临水灾、火灾、资源、环境、流行疾病等传统的常规风险。由于人口密度超高、流动性极强等特征,这些常规风险会在特大城市造成巨大的破坏性,带来难以估量的影响。风险"是工业化的一种大规模产品,而且系统地随着它的全球化而加剧"③,它造成的危害常常超出人们的预警和处理能力。如 2020 年春节暴发的新冠肺炎疫情,传播速度之快、感染范围之广、社会影响之深、防控难度之大,是对特大城市风险防范和处置能力的一次重要考验。其次,随着全球化、工业化、信息技术的快速发展,特大城市还面临着恐怖袭击、金融危机、网络安全等非传统风险。一旦风险发生,城市的生命安全、经济安全、公共安全都将遭受巨大创伤,引发社会秩序混乱,甚至会导致严重的社会危机。

二、社区样态的特殊性

在城市化的快速推进下,特大城市城乡接合部社区由单一的农村社区向农村社区与城市社区并存的混合型社区样态发展。

---

① 黄晓春.技术治理的运行机制研究——关于中国城市治理信息化的制度分析[M].上海:上海大学出版社,2018:3-5.
② 李友梅.城市发展周期与特大型城市风险的系统治理[J].探索与争鸣,2015,31(3):19-20.
③ 乌尔里希·贝克.风险社会[M].张文杰,何博闻,译.南京:译林出版社,2003:18-19.

原有的农村社区根据征地的进程差异分化为完成征地的征地安置社区和未完成征地的农村社区。一是完成征地的农村社区撤村建居后变为征地安置社区,成为城市社区的一部分,但与一般的城市社区不同,它继承了"撤村建居"之前的集体资产。社区成立"经济联社"或"经济合作社",后来为了避免社区居民流动产生股权纠纷,部分社区将"经济联社"变为"村经济股份公司"。村经济股份公司的股份按人头分配,每人一股,"生不增、死不减",即村庄新增人口不再增加股份,减少人口也不再减少股份,无论村经济股份公司的资产增加或减少,都由村民按股份分配。村经济股份公司运营的资产包括原村集体企业的资产、征地补偿款和征地留用地等。上海市 2005 年6 月颁布的《关于本市实施农村集体征地留用地制度暂行意见》中规定,在征用农村集体土地时,按 5%～10% 的比例留给村集体经济组织,并且可以转为建设用地。征地留用地用于能获得长期稳定收益的非农产业经营性项目开发,如标准厂房、商铺、仓储等不动产项目,为村民提供就业岗位和股金分配,长期保留了村集体经济组织和农民在土地上的发展权和财产权。村经济股份公司经营收入扣除税费后每年给村民分红,发放福利。二是未完成征地的农村社区也不再是传统意义上的农村社区。村庄在分批征地后已经不再完整,有的成了"城中村"。村庄的自然、社会和文化边界不断被打破,生活半径不断扩大。

城市社区主要是动迁安置社区和商品房社区。1990 年代以来,上海开始了大规模的旧城改造,大部分老年人、低收入者和失业者迁入郊区的动迁安置房。城乡接合部的大规模商品房开发和产业发展也吸引了大量中心区的普通白领与外来人口迁入。相比于中心区高企的价格,这里的商品房更适合经济能力有限的年轻人。产业发展也为外来人口提供了大量的工作机会,这些外来人口既有掌握高新技术的普通白领,也有从事技术含量不高工作的农民工。动迁安置社区的居民主要是中心区迁入的弱势群体,异质性较低。而商品房社区居民来自不同的社会阶层,异质性较高。社区中的精英阶层有一定的社会资源和经济能力,对社区的依赖较少,表现出强烈的外向性特征,他们很少参与社区活动,与社区的连接也较松散。精英群体在社区建设中的缺席不仅不利于社区资源的有效整合,还会加深不同群体之间的隔阂与矛盾。

三、社区主体的复杂性

(一)人口结构复杂

特大城市城乡接合部社区样态的特殊性造成了人口结构的复杂化。这里不仅有城市居民和农村村民的混杂,也有本地人口与外来人口的并存,不同职业、教育水平、社会地位、文化观念和生活习惯的人在此聚居。这些居民主要有三类:

(1)原住户。城乡接合部在征地过程中,村民由农民转为市民,他们从事的职业和生活方式发生了分化。一是进城生活。部分原住户中的精英有较强的经济能力和社会资本,尤其是获得了金额可观的征地赔偿款之后,他们选择搬到更靠近中心区的区位生活。但他们仍然保留了农业户口,形成"人不在村,户籍在村"的"悬置"状态,处于"在场与不在场"之间[①]。他们依然收取村级集体资产的分红,但是与本地的社区建设已无关联。二是在当地就业。部分村民在城乡接合部从事非农业生产,有的村民利用城乡接合部毗邻城市的区位优势,开展农副产品、餐饮等小规模经营活动,或者把房屋出租给外来人员收取租金。这些重新创业的村民成为原住户中的精英。三是无业食利者。部分村民教育程度较低,缺乏专业技能,难以找到合适的工作在城市立足,产生了以"难就业、难创业、难保障、难发展"为特征的"失地综合征"[②]。还有一些村民个性懒惰,主要依靠村集体分红和房屋出租收

---

① 张雾雪.城乡接合部的社会样态与空间实践:基于C市东村的调查研究[M].北京:中国社会科学出版社,2014:166.
② 尤琳.郊区城市化与城乡社会治理一体化研究[M].北京:中国社会科学出版社,2018:79.

入生活,成为不工作的"食利阶层"和游手好闲的"二世祖"①。

(2)外来人口。在城乡接合部居住的除部分由于低廉房价选择在此居住的普通白领,大部分是从农村来城市打工的农民工。对他们来说,城乡接合部是他们进入城市的一个入口。这里为农民工解决了居住和生活问题,王福定在对深圳罗湖区的城乡接合部研究后指出,深圳罗湖区的农村户籍人口不到 8 000 人,吸纳的外来暂住人口却达到了 11 万多人②。农民工在城乡接合部聚居的一个重要原因,源于他们由社会关系网驱动的城市化过程。社会网络帮助农民工获取就业信息、情感支持和庇护,缩小与城市居民的社会距离,代表农民工与政府机构打交道,增强谈判能力,实现利益诉求③④。

(3)中心区迁入人口。这部分人口既有随着旧城改造和企业迁移被动迁入的,也有因为中心区的高房价主动迁入的。被动迁入的居民多数是低收入者或者下岗失业的弱势群体,虽然不能继续居住在繁华的、配置优质公共服务资源的中心区,但是中心区的住房可以置换到城乡接合部更为宽敞、舒适的居住环境。主动迁入的居民有一定的经济能力,他们的购买力让他们能够入住城乡接合部新开发的商品房社区。然而,这些群体不得不面对他们所处之地模糊的定位,并与其他社会地位较低的群体共享这个地方⑤。

城乡接合部人口的复杂性不仅在于不同群体混杂,还在于这些群体内部的财富分化逐步向深层发展,呈现出两极分化,出现"社区盆地"的趋势。"社区盆地"是指在社区比较优势的作用下,各阶层向与各自阶层相适应的

---

① 刘伟文."城中村"的城市化特征及其问题分析——以广州为例[J].南方人口,2003,18(3):29 - 33.
② 王福定.城市化后的村庄改建模式研究[J].人口与经济,2004,25(6):60 - 62.
③ 王桂新,武俊奎.城市农民工与本地居民社会距离影响因素分析——以上海为例[J].社会学研究,2011,26(2):28 - 47.
④ 蔡禾,李超海,冯建华.利益受损农民工的利益抗争行为研究——基于珠三角企业的调查[J].社会学研究,2009,24(1):139 - 161.
⑤ 艾伦·梅斯.城市郊区[M].北京:社会科学文献出版社,2016:29.

社区聚集的过程①。低档社区居民大量集聚,在财富、声望、权力、资源等方面长期处于社会低谷,与高档社区的差距日益拉大,被周边的高档社区包围,就像盆地一样,比如城中村。社区盆地的存在不仅强化了群体间的差异,而且也容易引发弱势群体的不满、焦虑和悲观心理,滋生社会矛盾。

（二）利益关系复杂

首先,社区居民利益不在场。特大城市城乡接合部的人口双向流动频繁,既有外来人口流入,也有原村民流出。大量外来人口在此聚居,他们将其视为进入城市的临时住所,当积累一定资本后就会向市中心迁移或者回乡创业。虽然城乡接合部为他们在城市生存与发展提供了较低的进入门槛,但是他们被排斥在社区利益分配体系之外,成为利益无关者。他们对这里没有家的归属感和认同感,他们既没有权力也没有意愿参与社区事务。本地村民为了寻求更好的生活,搬到城市生活,有的转为城市户口,而保留了农业户口的大多数,又造成了大量的"人户分离"。他们与城乡接合部保持一种利益游离状态,社区的生活环境、发展状况、公共服务等与他们没有太多关系,他们没有动力参与社区治理。只有涉及土地流转和征地拆迁,这些与他们利益密切相关的问题,他们才会积极参与。

其次,本地村民与外来人口之间的利益矛盾。特大城市城乡接合部的本地村民与外来居民之间相互竞争又彼此依存,形成了错综复杂的利益关系。大量本地村民将房屋出租给外来人口,房租收入也成为他们的主要经济来源之一,但本地村民又抱怨过于杂乱的外来人口降低了他们的安全感。他们之间不是简单的房屋租赁关系或利益关系,而是既有建立在租赁关系基础上的"吸引与亲和",也有"井水不犯河水"的界限感,在"合作"中探寻合适的尺度和界限②。本地村民与外来人口在社区安全、居住环境和公共设施

---

① 黄忠怀.空间重构与社会再造——特大城市郊区社区发展研究[M].上海:华东理工大学出版社,2012:118.

② 田原.城郊"混住化社会"的存在形态及治理困境研究[D].长春:吉林大学,2019.

等方面利益要求一致,但是在公共服务和就业机会上矛盾突出。在公共服务方面,外来居民认为他们在子女教育、公共医疗等方面并没享有与本地村民同等的待遇。而本地村民认为镇级财政收入主要来自工商税收和土地征用、出让的收入,这些土地和部分企业归集体所有,如果用来保障外来人口的管理和服务需求,则会挤占镇级地方财力资源,侵占他们的利益。在就业机会方面,本地村民认为外来人口在一定程度上挤占了那些竞争力较弱又缺乏其他收入来源的本地村民的就业机会。

四、社区事务的复杂性

特大城市城乡接合部社区样态的特殊性和社区主体的复杂性,决定了其社区事务也不同于一般的城市社区或农村社区,具体表现为:

第一,兼具城乡社区治理需求。城乡接合部的村庄管理事务还在延续,而城市社区治理需求也逐步凸显,社区治理需求呈现出复杂性。城市社区治理主要包括物业管理、公共服务以及一些社区事务的议决和执行。其中物业管理由居民出资聘请物业公司,公共服务由社区居委会承担,社区事务的议决和执行由居委会或业委会主导,居民共同参与。农村社区治理包括村庄各项公益事务、村民权益分配以及经济发展事务,村主任选举、土地发包和调整、修桥铺路、保安保洁、绿化维护、征地补偿款分配、纠纷调解、集体经营项目的招商和投资、集体资产的管理和运营、集体收益的分配等。城乡接合部一方面保留了部分村庄事务,如集体资产运营和集体收益分配,提供部分公共实施,包括社区的供水、供电、供气和道路。这些社区治理事务在成熟的城市社区基本上是不存在的。另一方面,逐步增加了属于城市社区的治理事务,主要是公共服务、物业管理以及各种行政性事务。新增的公共服务主要有居民低保、老年生活补助、居民医保、失业登记、就业信息等事宜的申请、登记与办理、综合治理、各种创建活动的落实,帮扶弱势工作的开展等。

　　第二,就业服务需求大。城乡接合部的规划建设对所在地区的产业发展布局考虑不够,这给导入人口和失地农民的后续就业带来一定问题。上海市宝山区顾村镇,规划建设700万平方米的"转型社区",容纳超过25万人的居住人口。但目前该地区只有一个3.6平方公里的工业园区可提供就业,作为该镇结构转型重点的现代服务业集聚尚需很长时间。此外,城乡接合部居民多为就业弱势群体,并不符合当地产业对劳动力的要求。虽然当地政府每年开展"送岗位"等活动,千方百计促进就业,但是要从根本上解决居民的就业问题,仍然需要进一步探索更有效的方式。

　　第三,社区治理"盲点""难点"较多。城乡接合部的外来人口普遍存在居住证和临时居住证持证率低的问题,上海的城乡接合部外来人口持证率为79.16%,低于全市平均水平83.7%。城乡接合部人口大量积聚、结构复杂,致使管理一时跟不上,环境脏乱、非法办学、非法行医、非法经营、违章搭建等现象大量存在,难以根治。

第三节　特大城市城乡接合部社区治理的实践困境

　　特大城市城乡接合部社区的治理模式是建立在一元权力中心基础上、自上而下的单中心行政动员模式。它借助科层制的等级架构和严格的规章制度体系运行,如果要有效运作,必须满足三个重要条件:一是垂直的、自上而下的资源配置系统;二是准确估计并有效控制经济社会运行中的主要"不确定性";三是社会生活中的诸多诉求可以被纳入相对标准化的轨道①。然而,特大城市城乡接合部社区的人口结构、人口稳定性、社区样态等都表现出与传统社区相异的特征,适用于传统社区的单中心行政动员的社区治理模式遭遇困境。

---

① 李友梅.中国社会管理新格局下遭遇的问题———一种基于中观机制分析的视角[J].学术月刊,2012,44(7):13-20.

一、属地化的公共服务资源配置模式与动态的人口空间分布之间的矛盾

单中心行政动员的社区治理模式遵循属地化管理的理念,它意味着居民的公共服务只与户籍所在地的地方政府或行政组织发生关联,并由它直接管辖,而且当地的公共服务资源按照户籍人口数量配置。因此,"地域与地域之间的横向联系较少,各自为政。属地之间自发自愿的横向联系也不被鼓励,每个地域属于一个相对自给自足的经济与社会单元。"[①]然而,外来人口居多的特大城市城乡接合部社区,在跨地域流动性不断增强的情况下,属地化管理面临的问题越来越多。不管是外地来沪人员,还是市区导入人口,他们中大部分人的户籍未迁入居住社区。这意味着大量外来人口的公共服务资源并未随他们迁入城乡接合部社区,但是他们却要一同分享城乡接合部社区的公共服务资源,而且"人口倒挂"让按照属地化原则配置的公共服务资源面临巨大缺口。不仅居民人均享有的公共服务资源水平低于中心区,也给城乡接合部所在的街镇带来巨大的财政压力。

二、行政化治理手段与社区运行的"不确定性"之间的矛盾

单中心行政动员的社区治理模式依赖政府体系的行政化治理手段,上级政府习惯于将社区治理指标沿行政等级层层分解。行政化治理手段依托于稳定的组织和制度状态,然而特大城市城乡接合部社区的结构特征决定了它运行的过程中充满了不确定性。首先,这种不确定性来自人口的高流动性。城乡接合部社区的人口流动频繁,政府部门很难获得准确的人口数据,人口管理难度较大。本地村民因为征地的利益算计与矛盾消解了乡土的伦理传统,外来人口远离家乡,失去了熟人社会的舆论监督,也就失去了原有的社会伦理约束,人们更有可能突破传统道德界限,在政府管理并不能完全触及的灰色地带,滋生由此产生的种种意外后果。"严重的放荡不羁、

---

① 周黎安.转型中的地方政府[M].上海:上海人民出版社,2008:58.

松弛了的道德观念,在城市遮掩越轨行为比乡村容易。"①而且城乡接合部社区群体间高度分化、价值取向多变、利益关系复杂,带来多样化的社会矛盾。其次,城乡接合部社区的不确定性还体现在它的过渡性。目前,城乡接合部社区采取"镇管社区"模式,这是一种处于过渡阶段的社区治理模式。当城乡接合部社区逐渐被纳入城市,这种社区管理模式也会逐步走向终结。无论是人口的高流动性还是社区的过渡性,都导致了城乡接合部社区秩序的生成具有不确定性或偶然性的特征,因此无法按照单一的行政化手段治理社区。

三、标准化的治理模式与复杂的治理需求之间的矛盾

单中心行政动员的社区治理模式采用标准化的资源配置方式,这无法满足特大城市城乡接合部复杂的社区样态和人口结构产生的多元化治理需求。特大城市城乡接合部复杂的治理需求主要表现在:一是治理任务兼具城乡社区治理需求,包括基础设施与服务配套、劳动力就业、社会保障、集体资产的运营管理、集体收益分配、老年人服务等。二是不同类型居民的治理需求各异,居民既有失地农民、外来务工人员、动迁居民、申购经济适用房的低收入人群,也有购买商品房的本市和外地的年轻白领,还包含较大比例的独居老人、失业人员、残疾人员、低保人员和精神病人②,这些差异化的需求无法被纳入标准化轨道。而且,在诉求主张的过程中,不同群体之间产生了矛盾与冲突,网络时代这些矛盾随时可能产生裂变。三是中心区导入人口的"人户分离"问题,较早迁入的中心区人口考虑到社会福利和教育资源的差异,往往选择将户籍留在中心区,这给社区人口管理和公共服务资源的合理配置带来一定困难。然而,特大城市城乡接合部社区的治理模式没有与

① W. I. 托马斯,F. 兹纳涅茨基.身处欧美的波兰农民[M].张友云,译.南京:译林出版社,2000:4.
② 上海大学社会学院课题组,刘玉照.建立横向协同机制,解决特大城市郊区基层治理中的"流动难题"[J].科学发展,2014,7(12):61-70.

上述这些复杂的治理需求相匹配,社区的机构设置、人力资源配置、行政经费拨付、办公场地和公建配套设施仍然是按照户籍人口配置,这不仅难以满足大量流动人口迁入带来的服务和管理需求,也给所在地的镇政府带来了沉重的财政负担。城乡接合部社区的管理、教育、卫生、公共安全、环境卫生和社会保障的主要开支都由镇政府承担,而来自上级政府财政的转移支付却捉襟见肘。如果不改变公共服务的财政投入模式,镇政府的资金缺口将越来越大,越来越无法满足复杂的治理需求。

第四节　本书的结构安排

本书一共六章,各章内容如下。

第一章导论。在这一章中,首先从城市郊区化和郊区城市化的推—拉作用探析特大城市城乡接合部的形成机理;然后分析了特大城市及城乡接合部社区的特殊性和复杂性。在此基础上,分析了特大城市城乡接合部社区在治理过程中遭遇的困境。这部分内容为后文系统探讨特大城市城乡接合部社区协同治理的路径提供了现实意义和研究的起点。

第二章基层治理的运行方式。这部分主要介绍本书研究问题的形成与研究框架的诞生过程。从国家政权建设视角、社会中心主义视角、国家和社会的互嵌视角,梳理政治学和社会学中关于基层治理互动机制的经典研究,指出这些研究的基本思路对基层治理运行研究的深刻影响。在此基础上,结合国家—社会的互嵌视角、结构分析和组织决策分析,提出本书"结构—权力—行为"的分析框架。

第三章特大城市城乡接合部社区治理的结构性前提。这一章首先分析了特大城市城乡接合部的镇政府在压力型体制下面临的结构制约;然后分析了特大城市城乡接合部社区治理的组织安排,以及从行政逻辑转向治理逻辑的尝试和效果。

第四章征地拆迁中的互动机制。这部分运用"结构—权力—行为"的分析框架,通过 G 镇的征地拆迁案例,剖析了特大城市城乡接合部是如何围绕权力生产、互动和再生产展开基层治理的。首先梳理了上海市征地拆迁的制度安排与 G 镇的征地拆迁实践;然后分析了镇政府在结构约束下与动迁村民的协商、谈判过程,以及双方如何重构权力关系。

第五章技术塑造下的基层治理。这一章重点探讨在公共服务和社会治理领域,信息技术如何重塑国家与社会关系。首先,梳理"社区通"平台的建设背景与基本架构,分析区政府如何推动社区通在基层治理实践中落地,以及社区通如何改变现有的治理结构。其次,分析在"社区通"实践中国家如何引领、约束与吸纳社会,而社会又是通过依赖、渗透,塑造国家的。

第六章特大城市城乡接合部社区治理:运行逻辑与路径创新。这一章是全书的总结和提炼,首先总结了本研究的结论,包括基层政府的行为与行政体制的激励和约束密切相关,国家和社会在基层治理中交互重叠、相互塑造,行动者通过权力互动再生产出了动态的权力关系和新的基层社会权力秩序。其次,提出特大城市城乡接合部社区协同治理的实践路径。

第二章

基层治理的运行方式

本章将讨论基层治理是如何运行的，尤其对国家和社会在基层治理中的互动机制进行深度分析。这一理论梳理将呈现国内外政治学和社会学对国家与社会关系的探讨以及研究视角的转变。

最初的研究在讨论国家和社会关系时，并没有提到国家的概念，国家形象隐喻在学者们对社会宏观变迁的勾勒中。学者们大多使用两分法，具有代表性的一种是传统—现代模型，使用者有戴维·阿普特（David E. Apter）、布莱克（C. E. Black）、艾森斯塔特（S. N. Eisenstadt）和马利安·列维（Marian J. Levy）[①-④]；另一

① APTER D. E. The politics of modernization[M]. Chicago：Univ. of Chicago Press，1967.转引自乔尔·米格代尔.社会中的国家——国家与社会如何相互改变与相互构成[M].李杨，郭一聪，译.南京：江苏人民出版社，2013：200.

② BLACK C E. The dynamics of modernization：a study in comparative history[M]. New York：Harper & Row，1966.转引自乔尔·米格代尔.社会中的国家——国家与社会如何相互改变与相互构成[M].李杨，郭一聪，译.南京：江苏人民出版社，2013：200.

③ EISENSTADT S N. Modernization：protest and change[M]. Englewood Cliffs，N. J.：Prentice-Hall，1966.转引自乔尔·米格代尔.社会中的国家——国家与社会如何相互改变与相互构成[M].李杨，郭一聪，译.南京：江苏人民出版社，2013：200.

④ MARIAN J，LEVY J. Modernization and the structure of societies：a setting for international affairs [M]. Princeton：N. J. Princeton University Press，1966.转引自乔尔·米格代尔.社会中的国家——国家与社会如何相互改变与相互构成[M].李杨，郭一聪，译.南京：江苏人民出版社，2013：200.

种是中心—边缘模型,使用者为爱德华·希尔斯(Edward Shils)和勒纳(Daniel Lerner)①。除此之外,还有精英—大众②、融合—衍射③、大传统—小传统④、城市—农村⑤⑥等分类。无论哪种划分方式,使用两分法的学者都有相同的叙事方向,即在向现代社会演变的过程中,现代部门或者中心(或是精英、大传统、城市)是社会变迁的方向,而传统部门或边缘(或是大众、小传统、农村)则是落后的代名词。

到了 20 世纪 60 年代末和 70 年代,国家才成为研究的主要对象。在后续的研究中,对于国家在社会运行中的角色分析出现了两种理论视角,一种是国家中心主义的,认为国家是一个自主的行动者,有效推动着社会的运行和发展;另一种是社会中心主义的,强调国家在政策制定和实施中的不稳定性和无效性,认为社会的主体性和自治性在不断增强,可以通过民众、社会组织间的互动和参与创建社会生活共同体。国家中心主义重视国家对社会的整合能力,社会中心主义强调社会的自治能力。这两种理论视角隐含了两个共同假设:一是国家与社会之间存在清晰的界限,二是国家与社会之间只有竞争关系。然而,近年来越来越多的研究发现国家与社会是相互作用、相互影响的。20 世纪 90 年代,乔尔·米格代尔(Joel S. Migdal)破除二分结构,提出"社会中的国家"模型,将社会描绘为一个包括国家在内的社会组织的混合体。他认为,国家和社会不是固定不变的实体,"它们共同在互相作用的过程中改变各自的结构、目标、规则以及社会控制。它们是持续相互影

———————————

① SHILS E. Center and periphery[M]. Chicago:Univ. of Chicago Press,1975. 转引自乔尔·米格代尔.社会中的国家——国家与社会如何相互改变与相互构成[M].李杨,郭一聪,译.南京:江苏人民出版社,2013:46.

② MOSCA G. The ruling class [M]. New York:McGraw-Hill,1939.

③ RIGGS F W. MACKEAN D D. Administration in developing countries:the theory of prismatic society[M]. Boston:Houghton Mifflin,1964.

④ REDFIELD R. Peasant society and culture [M]. Chicago:Univ. of Chicago Press,1960.

⑤ SJOBERG G. The pre-industrial city [M]. New York:The Free Press,1960.

⑥ TILLY C. The vendee[M]. New York:John Wiley & Sons,1967.

响的。"①黄宗智指出从西方社会现代化经验中抽象出的国家与社会的二元对立并不适用于解释中国的问题。他提出"第三领域",即国家与社会之间存在的第三空间,国家与社会都介入的领域。这一概念不仅可以解释中华帝国时期集权的简约治理,也可以解释当代中国党动员组织社会的强大能力②③。崇尚多中心秩序的治理理论引入中国后,成为中国基层治理研究的重要理论来源,学者们的研究聚焦于政府与社会如何在基层治理中形成合作关系。

本章第一节对政治学和社会学研究中关于基层治理互动机制的经典研究作出简要评述,指出这些研究的基本思路对基层治理运行研究的深刻影响,梳理国家政权建设视角、社会中心主义视角、国家和社会的互嵌视角下基层治理的互动机制。第二节在结合国家—社会的互嵌视角、结构分析和组织决策分析的基础上,提出本书结构—权力—行为的分析框架。

第一节　理论溯源:基层治理的互动机制

一、国家政权建设视角

国家政权建设理论概括了欧洲从分散的、多中心的、割据性的权威体系向以现代国家为中心的结构的转变过程。在这个过程中,国家通过财税汲取、控制地方资源、向基层延伸机构、委派官员等措施进行权力扩张,社会成员被整合到国家共同体,形成了民族国家。然而,国家的政权建设过程并非只是国家的权力扩张,也是社会力量生长和公共领域出现的过程,没有社会

① 乔尔·米格代尔.社会中的国家——国家与社会如何相互改变与相互构成[M].李杨,郭一聪,译.南京:江苏人民出版社,2013:58.

② 黄宗智.中国的"公共领域"与"市民社会"? ——国家与社会间的第三领域[M/OL]//黄宗智.中国研究的范式问题讨论.北京:社会科学文献出版社,2003[2020 - 6 - 25].http://www.aisixiang.com/data/29977.html.

③ 黄宗智.国家—市场—社会:中西国力现代化路径的不同[J].探索与争鸣,2019,35(11):42 - 56.

力量的发育,国家政权的集中化就缺少了政治支持。更重要的是,国家政权建设还涉及权力关系的变化,权力本身的性质、国家—公共(政府)组织角色、法律、税收、授权和治理方式以及公共权威与公民关系都在发生变化①。

学者们将国家政权理论用于分析中国的现代化进程,主要聚焦近代以来国家政权建设对基层社会结构和社会治理的影响。

(一)中华帝国后期:国家权力介入与社会力量削弱

这一时期研究的关注点在于国家权力的向下扩展如何导致士绅解体以及国家权威与地方精英在基层治理中如何互动。

从翰香认为,传统帝国时期是一种"官督绅办"或"官督绅治"体制,政府与士绅在互动中形成一种默契,政府透过士绅控制乡村社会②。瞿同祖的研究也表达了类似的观点,他认为士绅是地方行政的积极参与者,斡旋于地方官员和百姓之间,并提供咨询给地方官员③。作为非正式权力的代表,士绅与官员一道参与地方政策和行政,分担控制社会的责任,同时也与官吏共谋地方权力。

随着君主制让位和军阀制的到来,儒家精英—读书人和官员共同谋就的行政结构和文化整合开始解体。塞达·斯科克波尔(Theda Skoclpol)指出,首先,它破坏了地方社区领导团体的相互联系,地方权威既不能联合起来保护自己,也无法得到军阀和国家的支持。其次,它破坏了地方精英和国家权力中心的制度化联系,士绅打交道的政党、政客和军阀不断更换,地方精英的循环陷入不稳定。再次,新知识的传播侵蚀了儒教国家,降低了传统儒家教育的影响力④。

① 张静.国家政权建设与乡村自治单位——问题与回顾[J].开放时代,2001,19(9):5-13.
② 从翰香.近代冀鲁豫乡村[M].北京:中国社会科学出版社,1995:36.
③ 瞿同祖.清代地方政府[M].北京:法律出版社,2011:318.
④ SKOCLPOL T. States and social revolutions[M]. Cambridge:Cambridge University Press,1979:238-239.

外部社会的发展导致传统精英的地位下降,士绅与国家和地方社会的政治利益联系不断减弱,地方社会的内聚不断弱化。同时,国家政权建设的进程却在不断加快。中央增加财政投入促进了政府组织在地区和村庄的增长,包括兴建地方教育联合会、商会、集会、会团等组织。1927 年后,国家的税制改革提高了中央政府对财政的控制能力,进一步加强了对地方领袖的控制。孔飞力(Philip A. Kuhn)指出,正是国家政权建设,刺激了管制性的地方精英日益膨胀①。原有的地方精英(保护性经纪人)逐渐被企业型的、行政分支型的国家掮客取代(掠夺性经纪人),地方权威的基础在国家权力的渗透下被侵蚀,"权力的文化网络"(culture nexus of power)被打破。而且,掠夺型经纪人从中谋取私利,国家权力的延伸导致社会进一步被压榨和破产,国家政权建设陷入内卷化困境②。

然而,国家政权在乡村社会的扩张,并没有取代地方权威,基层治理实际上呈现出国家权力与地方权威合作的趋势。李怀印指出,国家政权与乡村社会既有相互对抗,也有日常治理的合作依赖。国家委托村庄的非正式代理人和机构管理日常事务,只有当村庄内部的纠纷危害到地方制度运行时才会干预。国家与社会在乡村治理中界限模糊。由于地方权威的参与,基层治理常常表现出非正式治理的特征。采用非正式制度主导乡村治理,或许是中华帝国并非完全集权或者乡村社会抵制国家权威的结果,但更重要的原因是地缘政治环境和儒家伦理③。

(二)新中国成立初期:国家权力总体控制与社会力量影响尚存

新中国成立后,我国建立起以户籍制、单位制、人民公社制和高度一元的意识形态为特征的社会管理体系。这些制度相互匹配,国家权力前所未

---

① KUHN P A. Local self-government under the republic:problems of control, autonomy and mobilization[C]//WAKEMAN F, GRANT C. The conflict and control in late imperial China. Univ. of California Press,1975:257.

② 杜赞奇.文化、权力与国家:1900—1942 年的华北农村[M].王福明,译.南京:江苏人民出版社,2008:2.

③ 李怀印.华北村治——晚清和民国时期的国家与乡村[M].北京:中华书局,2008:163-310.

有地延伸到社会生活的几乎所有领域,但是国家与社会仍然通过某种微观机制相互混合。乡村干部代替地方势力成为国家管理乡村的代理人,他们虽然是体制内成员,但并不仅仅代表国家利益,同时也是地方利益的代表。

黄宗智在《长江三角洲小农家庭与乡村发展》中指出,虽然新中国成立意味着国家机构在经历了一个世纪的权力分化后开始重建中央集权的国家政权,纵向上党政机关干部深入公社(乡),横向上国家政权介入经济领域,控制了经济管理权、分配权和农民的经济抉择权。但是,国家权力与地方自主性之间仍然存在一定的张力。党政机构的代理人生产队长一方面代表上级意图,另一方面代表村庄本身的利益,他们处于国家意图与地方利益之间的拉锯战之中①。村干部维护地方利益的同时,也在一定程度上削弱了国家权力控制的有效性。许慧文(Vivienne Shue)和戴慕珍(Jean C. Oi)的研究也得出了类似的结论②③。

(三)改革后:国家权力与社会力量整合、竞争并存

1. 卷入市场化的乡镇政权与社会

20世纪80年代以后,基层政权深度卷入地方企业的经营活动,成为乡镇经济快速发展的有力推动者。市场化改革削弱了国家权力对基层社会的渗透吗?关于这一问题,有两种不同的意见。一种认为,国家在基层社会中的权力被削弱。黄宗智指出,1978年改革后国家权力逐步从乡村退出,市场经济部分恢复,表明党政权力结构对村庄的纵向和横向控制减退④。倪志伟(Victor Nee)认为市场转型具有平等化效应,随着市场化改革的完善,干部

① 黄宗智.明清以来的乡村社会经济变迁——历史、理论与现实(卷二:长江三角洲小农家庭与乡村发展)[M].北京:法律出版社,2014:4-275.
② SHUE V. The reach of the state: sketches of the Chinese body politic[M]. Stanford: Stanford University Press,1988.
③ OI J C. State and peasant in contemporary China: the political economy of village government[M]. Berkeley: Univ. of California Press,1989.
④ 黄宗智.明清以来的乡村社会经济变迁——历史、理论与现实(卷二:长江三角洲小农家庭与乡村发展)[M].北京:法律出版社,2014:275.

的权力必然会被削弱①②。另一种观点认为,国家在市场化改革中获取了新的权力资源。乡镇政府通过工厂管理、资源分配、行政服务、投资与贷款介入企业经营运作和地方经济。传统的乡土关系、市场经济、社会主义的行政模式和意识形态,在一定区域内被稳定地整合在了一起,形成"乡土市场社会主义"(local market socialism)③。魏昂德(Andrew G. Walder)提出"政府即厂商"理论,认为"财政包干""分税改革"的财政体制改革在给地方政府带来压力的同时,也刺激了地方政府积极推动经济发展。地方官员深度介入企业的建立和资本筹集,甚至是市场策略的决策过程,政府与企业的关系类似于公司的董事长与执行总裁或工厂的车间主任的关系④。Oi 发现,农村基层政府和地方工业紧密结合在一起,形成了"地方法团主义"(local corporatism)⑤。政府通过与市场的紧密结合,获得了经济机会的分配权,基层政权和干部追逐新的权力资源,乡村干部与农民之间的"保护—依附"关系(clientelism)不仅依然存在,而且以更复杂的方式出现⑥。

研究者发现,基层政权逐步从公共权力载体转变为介于政府和"厂商"之间的权力与经济复合体。张静指出,基层政权拥有上级授予的资源地位、代表地位、组织和决策地位,这些地位衍生出了他们合法运行公共资产的权力。基层政权扮演着"政权经营者"的角色,一方面努力发展地方经济,另一方面与企业竞争资金、资源、机会和市场控制权甚至发生矛盾。基层政权的

① NEE V. The emergence of a market society: changing mechanisms of stratification in China [J]. American journal of sociology,1996,101 (4):908-949.
② NEE V,CAO Y. Path dependent societal transformation: stratification in hybrid mixed economies[J]. Theory and society,1999,28(6):799-834.
③ LIN N. Local market socialism: local corporatism in action in rural China[J]. Theory and society, 1995,24(3):301-354.
④ WALDER A G. Local governments as industrial firms: an organization analysis of China's transitional economy[J]. American journal of sociology,1995,101(2):263-301.
⑤ OI J C. Fiscal reform and the economic foundations of local state corporation in China[J]. World politics, 1992,45(1):99-126.
⑥ OI J C. State and peasant in contemporary China: The Political Economy of Village Government[M]. Berkeley: University of California Press,1989.

权力扩张没有得到有效约束,逐步成为一个具有高度自主性和自立性、内聚紧密的资源垄断主体。它整合基层社会的能力弱化,连接国家和社会的作用也越来越弱[1]。杨善华和苏红进一步区分了"代理型政权经营者"和"谋利型政权经营者",认为在市场转型过程中乡镇政府从"代理型政权经营者"转向"谋利型政权经营者"。改革前,虽然乡镇政府有一定的权力运作空间,但是它未成为利益集团,可以贯彻国家意志、服从和执行上级指令和政策。改革使乡镇政府与上级政权和社区利益分化,偏离管理社区、组织社区生活的公共职责,成为具有独立利益的集团,既是国家利益的代理人,又是谋求自身利益的行动者[2]。

2. 城市社区治理中的国家与社会

耿曙和陈奕伶指出,城市基层治理是国家高度主导和控制的,因为主要制度创新都发源于政府部门,种种考量也都基于国家利益,这制约了基层自治的推进[3]。杨敏也认为,城市社区建设是为了解决单位制解体后城市社会整合与控制问题,而自上而下建构起来的国家治理单元,目的并不是构建一种促进市民社会发育的地域社会生活共同体[4]。

"社区自治、议行分设"被视为推进基层社区自治的制度改革。然而,姚华在对上海的"议行分设"展开实证分析之后,发现作为"执行层"的社区工作站由街道雇佣和领导,行政权力延伸到了社区。因此,被强化的"执行层"与被弱化和边缘化的"议事层"(民选社区居委会)实际上是国家与社会关系在基层社区的映射。"议行分设"不但没有为社区自治提供更大的自主空

---

① 张静.基层政权:乡村制度诸问题[M].上海:上海人民出版社,2007:48.

② 杨善华,苏红.从"代理型政权经营者"到"谋利型政权经营者"[J].社会学研究,2002,16(1):17 - 24.

③ 耿曙,陈奕伶.中国大陆的社区治理与政治转型:发展促变或政权维稳?[J].远景基金会季刊,2007(1):87 - 122.

④ 杨敏.作为国家治理单元的社区——对城市社区建设运动过程中居民社区参与和社区认知的个案研究[J].社会学研究,2007,22(4):137 - 164.

间,反而抑制了其积极性①。一些学者指出,社区工作站工作人员已经成为"准公务员",社区工作站的设立是国家能力建设的一部分,行政体系有意无意地在基层社区名正言顺地站稳了脚跟,这是国家权力向社会的深入渗透②。

近年来,国家在基层治理中的控制方式发生了变化。郭伟和对大型社区的个案研究指出,在社区治理中,国家意志以更柔性、更隐蔽的方式展现出来。所以,虽然社区建设中有民主化色彩的多元协商,但背后仍然是国家对社区公共事务的"柔性控制",而不是所谓的市民社会的分殊与发展③。由此看来,中国的市民社会发育不可能是一种独立于国家力量之外的过程。王汉生和吴莹的研究发现,业委会换届、社区日常集体活动、反污染维权等体现居民自治的活动,一直是在政府的"参与"和"在场"下进行的。这种参与既有直接的也有间接的,既有制度的刚性规定,也有主体间的柔性沟通。总之,基层社会自治是国家干预和制度安排的产物,"'社会'并非'国家'的对立物,而是浸透着国家的身影和力量"④。

国家政权建设视角注重分析国家权力对社会的渗透和整合作用,虽然也注意到了国家与社会在微观领域的合作,但这并不是该理论视角关注的重点。它引导人们忽视社会力量的能动性和作用,社会似乎是任由国家摆布,毫无还手之力的。而"国家政权建设"不仅包含着"权力从基层分割系统向中央游动",还隐含着国家治理角色和治理制度改变的问题⑤。但是现有研究在使用这一理论分析中国的问题时,主要是从前者出发,而国家是否已

---

① 姚华,王亚南.社区自治:自主性空间的缺失与居民参与的困境——以上海市J居委会"议行分设"的实践过程为个案[J].社会科学战线,2010,33(8):187-193.
② 李骏.真实社区生活中的国家—社会关系特征——实践社会学的一项个案考察[J].上海行政学院学报,2006,7(3):76-86.
③ 郭伟和.街道公共体制改革和国家意志的柔性控制——对黄宗智"国家和社会的第三领域"理论的扩展[J].开放时代,2010,29(2):60-82.
④ 王汉生,吴莹.基层社会中"看得见"与"看不见"的国家——发生在一个商品房小区中的几个"故事"[J].社会学研究,2011,25(1):63-95.
⑤ 张静.国家政权建设与乡村自治单位——问题与回顾[J].开放时代,2001,19(9):5-13.

经转变为公共组织,是否形成了完整的治理制度,却鲜有涉及。

二、社会中心主义视角

社会力量代表着结社行为的强大机制,既包括非正式组织,也有正式组织(如商业机构和宗教力量)。他们运用手中的资源,创造能产生归属感和认同感的符号,影响或控制社会行为,联合起来通过斗争、妥协等各种策略影响公共政策。"有权威的和自主权的社会力量塑造国家的程度和国家塑造它们的程度一样,甚至更多。"①这些社会力量既包括像商业组织和社会组织这样的正式组织,也包括一些群体形成的非正式组织。

在美国的地方政治中,商业集团具有强大的影响力。查尔斯·林德布洛姆(Charles Lindblom)指出,美国的商业集团拥有以生产资料私有制为基础的"结构性"权力,它与通过代议制政府实现的民主控制系统相互依存②。斯蒂芬·埃尔金(Stephen L. Elkin)认为,地方政府的经济发展权力有限,主要依靠私营部门提供经费和资源。联邦政府和州政府的拨款只占运行经费的较小比例,地方政府必须发行地方债券,通过私人信贷市场筹集大部分经费。因此,商业集团在地方政府的候选官员选择上有至关重要的话语权③。不仅市长等核心政客高度依赖商业集团的资金支持竞选,而且负责候选人"提名"的组织也受到商业集团的控制。国家与市场呈现高度的依存关系,地方政府的官员支持商业集团参与政策的决策过程,商业集团也由此确保公共政策有利于实现它们的团体利益。约翰·罗根(John Logan)、哈维·莫洛奇(Harvey Molotch)认为商业精英中的"食利者"是最具有自我服务和自主选择能力的群体。"食利者"是拥有土地和房屋等财产的业主,通过交

---

① 乔尔·米格代尔.社会中的国家——国家与社会如何相互改变与相互构成[M].李杨,郭一聪,译. 南京:江苏人民出版社,2013:111.

② LINDBLOM C E. Politics and Markets The world's political economic systems[M]. New York: Basic Books,1977.

③ ELKIN S L. City and Regime in the American Republic[M]. Chicago: University of Chicago Press,1987.

换获取剩余价值。由于他们的财富是被"地区绑定"的,因此他们最有动力吸引更具流动性的大城市资本的投资,来实现自身资产的增值。

虽然商业集团对地方政治有强大的影响力,但是也有学者提出质疑:第一,对于食利者的关注过于狭隘,在全球化的影响下,房地产的所有权正在被不同没有"地区绑定"的公司拥有,食利者正在消失,也无法扮演驱动者的角色;第二,能够留住大城市资本的因素是复杂的,财产措施并不一定发挥决定性作用;第三,最根本的问题在于过于强调商业机构的主观能动性的作用,忽视了结构分析。以上分析的是美国地方政治运行中国家与社会的关系,而中国的"国家""社会"的结构和运行特征都与美国有较大差异,国家与社会在基层社会治理中的合作方式也不尽相同。

20 世纪 90 年代社区建设成为社会建设的重要组成部分之后,学者们将社区视为社会力量崛起的重要场域。王颖指出,上下结合的两种力量推动着社区自治发展:一方面,集权力、信息和资源于一身的政府向社区让权、还权、授权,成为社区自治的"第一推动力";另一方面,草根社区涌现出追求自治的公民行动和政治参与,对政治和管理体制形成强有力的冲击[①]。卢汉龙、陈伟东和李雪萍认为,在市场经济条件下,基层社会的再行政化会面临高成本、低效率的困境,因此,社区自治和社区民主是基层社会再组织的有效机制[②③]。一些学者认为尽管业主委员会、草根居民组织等处于雏形状态,但是社区建设为社会力量培育提供了社会空间[④-⑥]。

社区参与是增强社区自治能力、推动基层自治的关键。学者们主要关

① 王颖.社区与公民社会[M]//李培林.社会学与中国社会.北京:社会科学文献出版社,2008.

② 卢汉龙.发展社区与发展民主:我国城市基层社会的组织重建[J].民政论坛,1999,8(3):3-5.

③ 陈伟东,李雪萍.社区行政化:不经济的社会重组机制[J].中州学刊,2005,27(2):78-82.

④ 刘继同.从居民委员会到社区委员会:内源性革命与民间社会的兴起[J].社会科学辑刊,2003,25(4):46-51.

⑤ J.德勒斯,D.柯丹文,金淑霞.社区实验:市民社会的前兆?[J].当代世界社会主义问题,2003,21(4):3-18.

⑥ 费梅苹.业主委员会与中国的市民社会[J].华东理工大学学报(社会科学版),2001,16(2):57-64.

注社区参与的主体、形式、程度及其影响因素等问题,即谁在参与、为何参与、如何参与、效果如何。杨敏根据居民的需求差异将社区参与划分为强制性(福利性)、引导性(志愿性)、自发性(娱乐性)和计划性(权益性)四种类型。它们的自主性依次升高,对社区共同体的影响也由弱到强。她指出,社区参与的性质和过程不仅取决于居民的社会资源和行动能力,还受到国家权力和社区建设导向的决定性影响①。很多学者发现,在社区参与中,与冷漠的大多数并存的是少数积极分子。这些积极分子主要是党员、楼组长、女性或退休人员等,参与的原因包括有充足时间、多种心理需求、受到长期的单位组织文化熏陶、获取"社会报酬"②和象征性的物质回报等。在各类社区参与中,政治参与是一种重要的参与形式。虽然投票率很高,但是,居民对参与居委会选举没有太大的积极性。熊易寒深入探讨了这种普遍的政治冷漠与高投票率之间的悖论。他认为,高投票率蒙蔽了相当一部分居民不投票的事实。居民之所以缺乏参与热情,关键在于它是以"维持性利益"而不是"分配性利益"为基础的③。不过,一些研究者也发现住房私有化对居民的社区参与产生了影响,部分业主从维权运动转向居委会选举,试图通过制度性渠道保护自身权益。而且业主的关注点,也从自身财产保护拓展到了社区建设和社区生活④-⑥。这体现出居民正从维护财产权和民事权的"业主"向切实行使政治权的"公民"转变⑦。除了正式参与,居民还通过业委会和社

---

① 杨敏.作为国家治理单元的社区——对城市社区建设运动过程中居民社区参与和社区认知的个案研究[J].社会学研究,2007,22(4):137-164.
② 李辉将荣誉、政治关心、社会交往和小群体活动、重要性和个人价值体现、轻微的权威感以及社会互助感统称为对参与的"社会报酬"。李辉.社会报酬与中国城市社区积极分子:上海市S社区楼组长群体的个案研究[J].社会,2008,28(1):97-117.
③ 熊易寒.社区选举:在政治冷漠与高投票率之间[J].社会,2008,27(3):180-204.
④ 李骏.住房产权与政治参与:中国城市的基层社区民主[J].社会学研究,2009,24(5):57-82.
⑤ 管兵.维权行动和基层民主参与——以B市商品房业主为例[J].社会,2010,30(5):46-74.
⑥ 刘子曦.激励与扩展:B市业主维权运动中的法律与社会关系[J].社会学研究,2010,25(5):83-110.
⑦ 陈鹏.从"产权"走向"公民权"——当前中国城市业主维权研究[J].开放时代,2009,28(4):126-139.

区社会组织拓展社区参与的空间,促使街区权力结构从国家行政机构单方面操控的集权型转向多元分散型①②。

　　学者们发现,社区社会组织是培育社会力量,推动当代中国国家与社会关系转型的重要力量③。社区社会组织是积累社会资本、促进社区参与、提升公共精神的重要平台,对推进基层民主、促进社会融合、积聚社会资本有积极作用④。苏曦凌和黄婷强调了社区社会组织对城市社区冲突治理的重要作用,社区社会组织的信息资本、人力资本、网络资本在城市社区冲突治理中分别扮演着"指南针""疏导员"和"关系网"的重要角色⑤。李雪萍和曹朝龙认为社区社会组织有利于促进社区公共空间的生产,为城市社区治理和良性发展提供重要动力。李友梅研究了一个位于城乡接合部的社区社会组织,指出基层国家和社会自治力量可以通过共同提供公共服务形成互惠关系,既可以提升国家的基层治理能力,又能实现社会组织目标,双方共赢⑥。

　　美国地方政治运行研究重点关注以商业集团为代表的社会力量如何联合起来,社会力量内部、社会力量与地方政府之间如何围绕公共问题斗争、妥协和合作。基层社会自治研究将社区视作社会力量生长的重要场域,重点分析如何通过居民社区参与、培育社区社会组织,增强社区自治能力,推动国家与社会互动关系的转型。在很多社会中心视角的研究中,国家权力被视为抑制社区自主性空间的存在,似乎社会力量要充分发育必先让国家

---

① 石发勇.业主委员会、准派系政治与基层治理——以一个上海街区为例[J].社会学研究,2010,25(3):136-158.

② 阿兰纳·伯兰德,朱健刚.公众参与与社区公共空间的生产——对绿色社区建设的个案研究[J].社会学研究,2007,22(4):118-136.

③ 郑杭生.社会建设和社会管理研究与中国社会学使命[J].社会学研究,2011,26(4):12-21.

④ PUTNAM R D. Bowling Alone[M]. New York: Touchstone Books by Simon & Schuster, 2001.

⑤ 苏曦凌,黄婷.城市社区冲突治理中的社区社会组织构建——以社会资本理论为视角[J].广东行政学院学报,2017,29(2):41-46.

⑥ 李友梅.社区治理:公民社会的微观基础(英文)[J].Social sciences in China,2008,29(1):132-141.

权力退出基层治理领域。但实际上,国家"也可能通过合作、放权和赋权或妥协而为社区自治提供新的机会"①。而且,国家和社会本身都不是单一的行动者,它们是有着不同利益与目标的行动者,因此我们需要更加仔细地去审视国家、社会中各个行动者之间的复杂关系。

三、国家和社会的互嵌视角

国家中心主义视角和社会中心主义视角将国家与社会关系视为你进我退的零和博弈,乔尔·米格代尔在早期著作《强社会弱国家》中就持有这种观点,然而他认识到国家和社会是可以相互强化、实现正和博弈的。他提出"社会中的国家"这一新的研究视角,主张将国家研究重新定位在社会背景中。具体来说,第一,国家效能变化的基础在于与社会的关联。国家从来不是独立于社会的,即使是在国家无处不在、压倒一切的地方,国家的触角也是有限的。第二,国家必须被分解观察。国家内部并非铁板一块,要分析不同层级之间的权力分配,以及它们与社会组织间的关系。第三,国家与社会之间的边界通常是模糊的。这对于理解底层政治行为以及公共与私人领域的交织非常重要。第四,国家与社会相互赋权。国家组成部分与社会组成部分的某些互动,会增加双方的权力。而且,两者之间在互动中影响是双向的②③。

乔尔·米格代尔的"社会中的国家"视角超越了国家中心主义和社会中心主义,看到了国家与社会之间更为复杂的交织、重叠与相互作用。这种视角更接近真实的世界,尤其适用于分析中国的案例。

黄宗智认为,中华帝国时期在国家和社会之间存在着"第三领域",即国

---

① 肖林."'社区'研究"与"社区研究"——近年来我国城市社区研究述评[J].社会学研究,2011,26(4):185-208.

② 乔尔·米格代尔.社会中的国家——国家与社会如何相互改变与相互构成[M].李杨,郭一聪,译.南京:江苏人民出版社,2013:3.

③ 乔尔·米格代尔,阿图尔·柯里,维维恩·苏.国家权力与社会势力——第三世界的统治与变革[M].郭为贵,曹武龙,林娜,译.南京:江苏人民出版社,2017:3-5,334-335.

家权力和乡村权威共同治理形成的一个场域。这是中华帝国在人口增长和国家权力扩张的情况下，一种低成本、低负担、高效率的县级以下治理方式。乡镇政府采用半正式的简约治理方式，平时依靠无须支付薪水、社区提名的准官员维持运作，发生控诉或纠纷的时候由县衙门介入①。第三领域的存在是传统紧密聚居的社区组织和儒家道德理念与正式的国家体系互动产生的非正式纠纷调解机制的副产品。清末和民国时期，中心城市兴起了新型的第三领域——商会，既是政府领导设立，也是社会自身生成的一种组织。它们执行半正式、半官方的职务，处理同业纠纷，传播国家法规，推进地方经济和公共服务。集体化时期，农村的大队长和党支部书记一定程度上也是第三领域的半正式人员，既代表社区的利益，也代表国家的政策。现在的村委会和居委会都是第三领域的组成部分。黄宗智还指出，中国共产党不应该被简单作为一个"国家"或"政府"的统治管控组织，更应该被视为一个同时嵌入国家与社会，带有两者互动性质的组织②。

何艳玲将后单位时期街区中的国家与社会关系概括为"权变的合作主义"，指的是基层政权、社区自治组织、市民团体、市民个人之间形成了一种根据情境差异而缔结程度不同的非制度化的合作关系③。桂勇则把国家与社会在城市基层社会的互动关系描述为一种介于国家丧失控制力的"断裂"和国家向邻里强力渗透的"嵌入"之间的"粘连"状态。国家对城市邻里仍然拥有一定的动员控制能力，但被各种社会政治因素所限。这是由非制度化特征的权力操作模式及其背后的社会结构和动力机制等因素决定的④⑤。朱健刚将邻里视为国家、家庭主义和市场主义等共同作用形成的"国与家之间

---

① 黄宗智.集权的简约治理：中国以准官员和纠纷解决为主的半正式基层行政[M]// 黄宗智.中国乡村研究（第五辑）.福州：福建教育出版社，2007：1-23.

② 黄宗智.国家—市场—社会：中西国力现代化路径的不同[J].探索与争鸣，2019，35（11）：42-56.

③ 何艳玲.都市街区中的国家与社会：乐街调查[M].北京：社会科学文献出版社，2007.

④ 桂勇.邻里政治：城市基层的权力操作策略与国家—社会的粘连模式[J].社会，2007，27（6）：102-126.

⑤ 桂勇.邻里空间：城市基层的行动、组织与互动[M].上海：上海世纪出版集团，2008：212-221.

的流动的公共空间"。虽然国家权力在场,但是市民团体和社区运动仍然拥有生长空间,而且国家在地方权力的控制中还要依赖它们[1]。

学者们发现,国家和市场之间也出现了混合现象。林南用"乡土市场社会主义"来描述传统的乡土关系、市场经济、社会主义的行政模式和意识形态整合在一起的一种状态[2]。彭柯指出,"私人关系"是与行政体系、市场并列的一个社会行动领域,是行政体系和市场相互渗透的桥梁[3]。多罗西·索林格(Dorothy J. Solinger)指出,私有企业总是争取官员的支持,甚至把自己变成与国家有关系的企业,依附于国家,获取国家的资金、补贴;而官员也与企业相互依赖,因为发展经济是党的政治合法性的来源[4]。大卫·万克(David Wank)也发现了大企业主和官员的联盟关系,指出国家和社会的相互交错[5]。

中国的国家、市场、社会是你中有我、我中有你的。因此,魏昂德认为,中国并没有生成独立的市民社会,所谓的"市民社会"或"公共领域"的现象更应归结为"体制内的多元主义"[6]。这导致基层社会始终有一种弹性,无论国家权力如何渗入基层社会,在正式制度之外还有另一套运作法则,也使得正式制度在实际运作中变形。

孙立平对华北地区定购粮征收的案例研究发现,在正式权力资源匮乏

① 朱健刚.国与家之间:上海邻里的市民团体与社区运动的民族志[M].北京:社会科学文献出版社,2010.
② LIN N. Local market socialism: local corporatism in action in rural China[J]. Theory and society, 1995,24(3):301-354.
③ PIEKE F N. Bureaucracy, friends, and money: the growth of capital socialism in China[J]. Comparative studies in society and history, 1995,37(3):494-518.
④ SOLINGER D J. Urban entrepreneurs and the state: the merger of state and society[C]// ROSENBAUM A. State and society in China: the consequences of reform. Boulder: Westview Press,1992:121-141.
⑤ WANK D L. Civil society in communist China? Private business and political alliance, 1989[C]//HALL J A. Civil society: theory, history, comparison[C]. Cambridge: Polity Press, 1995:56-79.
⑥ WALDER A G. Worker, Managers and The State: The Reform era and the Political Crisis of 1989[J]. China quarterly, 1991,127(Sep.):467-492.

的背景下,基层政权的运行是一种"正式权力的非正式运作",即基层政府官员巧妙地运用人情、面子、常理等日常生活原则和民间观念,贯彻执行国家意志,国家与乡村社会边界也逐渐模糊①。吴毅剖析了华中地区小镇的乡域社会中基层政权、村级组织和农民的博弈共生过程,发现乡镇干部通过人际交往和感情投资,将村干部纳入私人关系网络,把政府在村庄的公事变成乡镇干部与村干部之间的私事②。吕德文对农村"钉子户"的研究也发现了乡镇权力在治理"钉子户"中的各类非正式的权力运作技术③。应星和晋军用"变通"来说明基层政权在执行国家政策时的非正式运作④。欧阳静阐述了乡镇政权非正式运作的制度基础与社会基础⑤。狄金华发现,乡镇在村庄治理中运用公—私伦理结合来达成政策目标。乡镇干部用"讲政治"机制运用非程序性的方式打破科层结构束缚,整合资源;用"讲情面"机制,在组织结构之外构建朋友关系,利用其内含的伦理要求完成正式组织的治理任务⑥。侯麟科等认为,干部通过自身的社会文化网络和地方性知识发挥的社会性约束机制比制度性约束机制更具可持续性⑦。

　　施芸卿的研究发现,国家对社会的渗透不再是单向的、非正式的,社会也能对国家权力中的"正式"部分产生反向渗透。面对当前更为复杂的社会压力与社会风险,基层政府在一定程度上硬化制度实践中的弹性空间,探索

① 孙立平,郭于华."软硬兼施":正式权力非正式运作的过程分析——华北 B 镇收粮的个案研究[M/OL]//清华大学社会学系.清华社会学评论特辑.厦门:鹭江出版社,2000[2019－02－10].http://www.aisixiang.com/data/16634－2.html.
② 吴毅.小镇喧嚣——一个乡镇政治运作的演绎与阐释[M].北京:生活·读书·新知三联书店,2007:607.
③ 吕德文.治理"钉子户"[D].武汉:华中科技大学,2009.
④ 应星,晋军.集体上访行动中的"问题化"过程——西南一个水电站的移民的故事[C]//清华大学社会学系.清华社会学评论(特辑).厦门:鹭江出版社,2000:80－109.
⑤ 欧阳静.运作于压力型科层制与乡土社会之间的乡镇政权——以桔镇为研究对象[J].社会,2009,29(5):39－63.
⑥ 狄金华."权力—利益"与行动伦理:基层政府政策动员的多重逻辑——基于农地确权政策执行的案例分析[J].社会学研究,2019,34(4):122－145.
⑦ 侯麟科,刘明兴,陶郁.双重约束视角下的基层治理结构与效能:经验与反思[J].管理世界,2020,36(5):145－160.

一种看似更正规、更符合程序的治理方式。这种"正式化运作"在看似"硬化"的正式规则之下隐秘地进行权力运作空间的再生产,以获得更多的合法性。相对于"正式权力的非正式运作",权力的"正式化运作"表现形式更为隐蔽,更容易被整合进国家治理策略的工具箱,被推广复制①。

正式权力运作中的非正式因素发挥了充实治理资源、衔接治理规则的作用,保证在正式治理资源有限的情况下基层治理的持续运转。在这一过程中,国家与社会是相互赋权、相互强化的。国家权力无论是采用"正式权力的非正式运作",还是权力的"正式化运作",都在拓展着自身的权力空间,丰富权力的实现手段。而社会在国家权力实施过程中的参与,也在塑造着国家权力的作用方式,将政策引向有利于实现自身利益的方向。

第二节　分析框架和个案选择

总体来说,关于国家和社会在基层治理中是如何互动、合作的研究大致有三个视角。早期的研究中,学者们要么遵循国家中心主义,要么选择社会中心主义开展研究,认为国家与社会之间是相互独立的;新近的研究强调国家与社会是相互作用的,以两者在基层治理的互动机制为切入点展开分析。这为本书研究特大城市城乡接合部社区治理提供了一个国家与社会互嵌的分析视角。除此之外,米歇尔·克罗齐耶(Michel Crozier)的组织决策分析提供了权力关系的分析工具,组织结构形塑下的基层政府行为提供了结构分析视角。

一、克罗齐耶的组织决策分析

米歇尔·克罗齐耶及其领导的研究小组通过对法国企业的实证研究,提

---

① 施芸卿.一把尺子如何"量到底":基层治理中的制度硬化以一个城市更新试点项目为例[J].社会,2019,39(2):31-57.

出了一种更接近复杂组织运行的推论方式,即组织社会学的决策分析范式。这种分析范式"关注行动者的行动策略(即,超越或利用组织约束的策略)以及制定行动策略时所基于的思想方式和实施行动策略所使用的手段。"①通过不确定领域、自由余地、权力关系、游戏等概念的运用,向人们展现组织的结构性特征带来的恶性循环,以及围绕权力关系建立的非正式结构。

他们认为,尽管科层制组织的规则制度对个体行为有制约作用,但是组织成员总是可以为自己保留一定的自由余地,也就是行动者保留与组织可协商的稀有资源。这种自由余地来自行动者所有拥有的不确定性领域。有两种不确定性领域,其一是"客观的"不确定性领域,如围绕市场、技术和其他现实制度的不确定性建构的领域;其二是"人为的"不确定性领域,如围绕信息传播渠道、权威分布、合法性的限制力量建立的不确定性领域。占有了不确定性领域,就拥有了讨价还价的资源,尤其是如果掌握关键性的不确定性领域,在与他人的协商过程中,就会占据优势地位,获得更多的利益空间。米歇尔·克罗齐耶从这个角度重新定义了"权力"的含义,他认为权力是协商中的一方使交换期限有利于自己的一种能力①。由于组织成员间的资源分布不均,在协商中处的地位就会有差异,因此组织成员间就会形成地位不平等的权力关系。但是,组织中的权力关系并不是一成不变的,行动者总是想方设法扩大自己的自由余地,缩小他人的自由余地,使自己获取更多的利益。当行动者目的达到时,新的权力关系形成了,而利益被"侵占"的一方又会设法创建新的不确定性领域。这样,行动者之间为了重建权力,就会陷入不断地创建不确定性领域的循环中,这就是米歇尔·克罗齐耶所谓的"科层制的恶性循环"。

行动者虽然有自由余地,但是组织和其他行动者仍然能够限制他的行为,因此他会在考虑其他行动者回应的基础上,调节自己的行为。这样组织中的行动者彼此相互连接,决策上高度依赖对方,米歇尔·克罗齐耶和埃哈

① 李友梅.组织社会学与组织决策分析[M].上海:上海大学出版社,2009:122.

尔·费埃德伯格(Erhard Friedberg)将这种有组织的集体行动称为"游戏"。他们认为,游戏是人类组织活动的主要形式。虽然游戏限定、约束行动者的行为,但也为行动者实现目标提供资源。在游戏过程中,行动者之间的谈判、协商、讨价还价、竞争与合作、冲突与妥协充分展开,但是游戏又以某种整合机制维持游戏的稳定性。不过,游戏又是开放的,是可以重组与更新的,"一旦个体的自由选择越过某一种域界,游戏的结构就会发生改变"①。行动者将依照新的游戏规则进行游戏,组织变革也随之发生。

二、组织结构型塑下的基层政府行为

基层政府作为国家权力的末梢,它的行为更多地受到政府的组织结构和运行逻辑的影响。有研究者指出,相比空泛地谈利益概念,从科层组织结构分析入手更能揭示影响基层政府政策执行行为的基本因素②③。

基层政府行为与中央和地方之间的权力配置结构密切相关。学者们提出一系列理论模型,从不同角度探究中国的治理体制长期保持稳定的原因,如许成刚的"分权式权威体制"模型④、钱颖一和巴里·温格斯特(Barry Weingast)的"中国特色的财政联邦主义"模型⑤、周黎安的"行政发包制"模型⑥、周雪光的"帝国治理逻辑"模型⑦⑧、曹正汉的"中央治官、地方治民"模

① 米歇尔·克罗齐耶,埃哈尔·费埃德伯格.行动者与系统——集体行动的政治学[M].张月,译.上海:上海人民出版社,2007:序15.
② 贺东航,孔繁斌.公共政策执行的中国经验[J].中国社会科学,2011,32(5):61-79.
③ 陈家建.项目制与基层政府动员——对社会管理项目化运作的社会学考察[J].中国社会科学,2013,34(2):64-79.
④ XU C. The fundamental institutions of China's reforms and development[J]. Journal of economic literature,2011,49(4):1076-1151.
⑤ QIAN Y, Xu C. Why China's economic reforms differ: the M-form hierarchy and entry/expansion of the non-state sector[J]. Economics of transition, 1993,1(2): 135-170.
⑥ 周黎安.行政发包制[J].社会,2014,34(6):1-38.
⑦ 周雪光.权威体制与有效治理:当代中国国家治理的制度逻辑[J].开放时代,2011,30(10):67-85.
⑧ 周雪光.从"黄宗羲定律"到帝国的逻辑:中国国家治理逻辑的历史线索[J].开放时代,2014,33(4):108-132.

型①等。虽然这些研究各有侧重,但是都聚焦一个共识,即中央与地方之间的分权结构保证了权威体制的有效性。一方面,中央政府利用科层制体系将统治风险转化成了地方政府官员的政治风险,统治风险被地方政府分担了。另一方面,这种分权结构导致决策过程与执行过程分离,在高度集权的行政体制下保留了相当程度的制度弹性,为基层政府的政策执行提供了灵活性②,有利于基层政府在解决复杂多变的实际问题时相机抉择。只要基层官员在路线方针上与中央保持一致,他们就可以灵活地行使治民权管理辖区内事务③。

　　中国政府向上负责的组织结构要求下级政府直接对上级负责,而上级政府则将经济发展与社会管理等任务量化为考核指标,逐级下压、层层加码。上级政府与下级政府签订责任书,形成"责任—利益"的连带责任,对下级官员实行"一票否决"问责制。而且越到基层,"压力型体制"和"目标责任制"表现越明显③④。为了完成考核指标,基层政府常常会采取一些策略性行为。比如,基层部门运用"申诉"策略促使上级部门改变治理目标,软化风险环境⑤,或者运用"变通""共谋"等手段应付上级交办的硬性任务⑥,或者通过公共商谈、程序支持、柔性管理和渐进行动来应对不同的风险情境⑦。基

① 曹正汉.中国上下分治的治理体制及其稳定机制[J].社会学研究,2011,25(1):1-40.
② 周雪光.基层政府间的"共谋现象"——一个政府行为的制度逻辑[J].社会学研究,2008,23(6):1-21.
③ 荣敬本.压力型体制向民主合作体制的转变:县乡两级政治体制改革的比较研究[M].北京:中央编译出版社,1998:28.
④ 王汉生,王一鸽.目标管理责任制:农村基层政权的实践逻辑[J].社会学研究,2009,24(2):61-92.
⑤ 吕方.治理情境分析:风险约束下的地方政府行为——基于武陵市扶贫办"申诉"个案的研究[J].社会学研究,2013,28(2):98-124.
⑥ 周雪光.基层政府间的"共谋现象"——一个政府行为的制度逻辑[J].社会学研究,2008,23(6):1-21.
⑦ 吕同舟.风险规避:地方政府治理中的一个逻辑[J].管理现代化,2014,34(5):84-86.

层政府的策略性行为常常会导致政策执行流于形式[①-④]。而且在行政发包制和压力型体制下,上级政府同样面临更高层级政府的考核,这样,上下级政府之间形成了共谋的"政绩共同体",基层政府的策略性行为得到了默认[⑤]。

三、本书的分析框架

本书认为,聚焦互动机制可以在实然层面更好地呈现国家与社会在特大城市城乡接合部社区治理运行中互动的路径与方式,进而回答"国家与社会是如何互动的""怎样形成国家与社会有效互动机制"这些重要问题。本书尝试在结合国家—社会的互嵌视角、结构分析和组织决策分析的基础上,建立结构—权力—行为的分析框架(见图 2-1)。

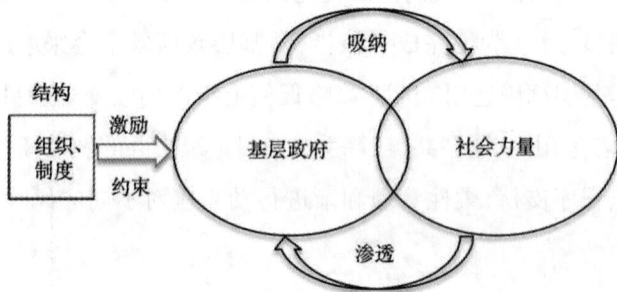

图 2-1　结构—权力—行为的分析框架

---

① 董强,李小云.农村公共政策执行过程中的监督软化——以 G 省 X 镇计划生育政策的落实为例[J].中国行政管理,2009,25(12):77-81.

② 周雪光.权威体制与有效治理:当代中国国家治理的制度逻辑[J].开放时代,2011,30(10):67-85.

③ 艾云.上下级政府间"考核检查"与"应对"过程的组织学分析——以 A 县"计划生育"年终考核为例[J].社会,2011,31(3):68-87.

④ 王亚华.中国用水户协会改革:政策执行视角的审视[J].管理世界,2013,29(6):61-71.转引自陈那波,李伟.把"管理"带回政治——任务、资源与街道办网格化政策推行的案例比较[J].社会学研究,2020,35(4):194-217.

⑤ 杨爱平,余雁鸿.选择性应付:社区居委会行动逻辑的组织分析——以 G 市 L 社区为例[J].社会学研究,2012,27(4):105-126.

　　首先,在该框架中,组织结构包括组织安排和制度安排。组织安排指的是政治体制内的等级结构、权力配置及组织网络;制度安排指的是正式的制度安排、社会规范、观念制度等。本书从激励和约束两个角度分析组织结构对基层政府的塑造方式和路径。激励机制是中国政治体制这种"行政发包制"的一种内生机制。上级政府(发包方)拥有正式权威和剩余控制权,而具体的执行权和决策权交给了基层政府(承包方),赋予其自由裁量权和实际控制权。基层政府与上级政府是预算分成关系,拥有剩余索取权,也就是说基层政府的财政预算和人员的薪酬福利均与其筹集财政收入或收费的能力相关①。在强激励下,基层政府一方面努力完成上级下达的各项任务,以获得上级给予的项目奖励及追加投入,另一方面积极创造预算外收入。而且基层政府拥有的自由裁量权也对其各种变通行为起到了激励作用。约束机制来自压力型体制下的目标考核。上级政府将政策目标细化、分解为具体的指标体系,逐级下达、层层加码,与基层政府签订责任书,并辅以行政和经济方面的奖惩措施②。近年来,基层政府的职能结构开始从注重经济职能向多目标任务体系转变,公共服务与社会治理所占比重迅速上升③。这意味着经济指标对基层政府的约束逐步淡化,而公共服务与社会治理指标的约束力日益凸显。

　　其次,该框架暗示了国家对社会力量的吸纳。康晓光提出的"行政吸纳社会"是指"政府通过自己的一系列努力使得市民社会、合作主义、市民社会反抗国家之类的社会结构无法出现"。④ 本书借用这一概念,从两个方面剖析国家对社会力量的吸纳:一是基层政府采用"利益捆绑"的市场化机制、

---

① 周黎安.行政发包制[J].社会,2014,34(6):1-38.
② 荣敬本.压力型体制向民主合作体制的转变:县乡两级政治体制改革的比较研究[M].北京:中央编译出版社,1998:28.
③ 黄晓春,周黎安."结对竞赛":城市基层治理创新的一种新机制[J].社会,2019,39(5):1-38.
④ 康晓光,卢宪英,韩恒.改革时代的国家与社会关系——行政吸纳社会[M]//王名.中国民间组织30年——走向公民社会.北京:中国社会科学出版社,2008:332.

"有限自治"和"扶持社会组织"的社会化机制,积极推动多主体的、分权的治理模式,既将社会力量作为迂回解决体制内挑战的资源,又将自身的政治风险潜移默化地分散到其他治理主体①。在这种情况下,社会力量成为基层政府重塑自身弹性和灵活性空间的跨界延伸。二是基层政府采用柔性控制、协商,甚至妥协的互动方式,其实是为了化解基层社会矛盾。

再次,该框架显示出社会力量对国家的渗透。基层政府在向基层社会拓展权力的过程中,也被社会力量所改变。比如基层官员运用人情、面子、常理等日常生活原则和民间观念等贯彻执行国家政策;构建私人关系网络,将公事变为私事,利用其内含的伦理要求完成治理任务。基层政府将非正式的策略运用于正式权力的运作之中。或者,在某些情况下,基层政府在一定程度上硬化制度实践中的弹性空间,以应对复杂的社会压力与社会风险。社会力量运用自己的方式,改变着国家权力的运行方式。

最后,该框架隐含的分析思路是:基层治理运行围绕权力生产、互动和再生产展开。基层政府吸纳社会力量,解决体制内的难题,分散政治风险,其实是权力生产的过程。作为国家的权力末梢,面对政治体制的强激励和约束,基层政府需要以各种隐秘的方式生产自身的权力运作空间。而在与基层政府互动的过程中,掌握着"关键性资源"的社会力量,拥有了与政府讨价还价的筹码,它们据此与政府谈判协商、施加影响,并力求自己在谈判中占据优势地位,获取更多的权力和利益空间。基层政府和社会力量紧密连接,决策上高度依赖,行动者之间的游戏就建立起来了。"游戏让行动者的自由、行动环境的相关制约、利益的冲突、妥协退让、彼此的竞争与相互的合作的理念变得相容,并以一定的方式得以整合。"②在这个游戏里,每个行动者都不断运用自身的权力去影响对方的决策,尽可能使对方的资源为己所

---

① 盛智明.地方政府部门如何规避风险?——以 A 市社区物业管理新政为例[J].社会学研究,2017,32(5):166-191.
② 米歇尔·克罗齐耶,埃哈尔·费埃德伯格.行动者与系统——集体行动的政治学[M].张月,译.上海:上海人民出版社,2007:序 6.

用，以实现自身的组织目标。最终，行动者在基层治理运行中再生产出了动态的权力关系，这种权力关系构成了国家和社会互动机制形成的基础。

四、个案选择

B区位于上海市北部，区域面积 299.15 平方公里，截至 2019 年末常住人口为 204.43 万人，其中户籍人口 100.98 万人，外来常住人口 83.78 万人。全区下辖 9 个镇、3 个街道和 2 个工业园区[①]。2001 年之后，B 区城市化推进速度加快，2011 年南部地区基本完成城市化，2012 年进入新一轮转型发展时期，重点推进老镇旧区、城中村改造以及大型社区的建设、配套和管理。

G 镇位于上海市 B 区中西部，面积 41.66 平方公里，2019 年全镇总人口 31.46 万人，其中户籍人口 11.73 万，纳入登记管理的外地来沪人员 12.9 万[①]。G 镇属于快速城市化区域，大型公园、大型居住区、轨道交通等一批重大市政工程建设，以及机器人及智能硬件、汽车装备及零部件、互联网＋等主导产业不断发展，第二产业和第三产业的比重逐年上升，已经取代农业成为支柱产业，G 镇总体上形成了工农并存、以工为主、兼有城乡的经济格局，正在由一个小城镇加速向现代化城区转变。

G 镇下辖 2 个大型居住社区基本管理单元共 75 个居委会，16 个行政村。其中四高小区是 2003 年配合中心城区旧房改造建设的动迁房基地，属于上海市政府建设的首批中低价示范居住区之一。馨佳园社区的小区构成更为复杂，13 个居民区涵盖了中心城区动迁、本地农民动迁、经济适用房、廉租房等多种类型。2009 年一期交付使用，到 2018 年 6 月全部建成，导入人口 4.5 万[②]。社区类型多元、人口结构复杂、利益诉求多样，让社区治理面临

① 上海市宝山区统计局，国家统计局宝山调查队.2019 宝山统计年鉴［M/OL］.（2020 - 10 - 20）［2021 - 02 - 21］. http://xxgk.shbsq.gov.cn/article.html? infoid＝7275a4df-488d-49d3-8651-0ac433c37838.

② 中共上海市宝山区顾村镇委员会.上海市宝山区顾村：着力发挥党建引导力 用足同心四治精绣功 打造大型居住社区多元化治理新格局［E/OL］.（2018 - 10 - 10）［2020 - 05 - 02］.http:// dangjian.people.com.cn/n1/2018/1010/c420318-30333193.html.

诸多挑战。

　　笔者曾在 G 镇挂职一年,得以近距离地观察这个郊区小镇的组织、人、事。面对着行政资源的限制和居民的诸多诉求,镇政府似乎总能探索出一些"创新之举",辗转腾挪,解一时之困。于是,一些问题引起我的进一步关注:特大城市城乡接合部的社区治理是如何运行的? 组织安排有什么特殊之处? 受到哪些限制? 镇政府与基层社会如何互动? 这些思考最终归结到本书探讨的核心问题:特大城市城乡接合部社区治理的运行逻辑和路径。

第三章

特大城市城乡接合部社区治理的结构性前提

本书试图回答特大城市城乡接合部社区治理是如何运行的？国家和社会之间形成了什么样的互动机制？为了回答这些问题，必须先分析特大城市城乡接合部社区治理的结构性前提，因为是它决定了国家与社会以何种方式展开互动。

本章将聚焦以下几个问题：第一，特大城市城乡接合部的镇政府面临何种结构制约？第二，特大城市城乡接合部社区有哪些特殊的组织安排？第三，在行政逻辑遭遇种种治理困境的背景下，特大城市城乡接合部社区试图采取哪些措施转向治理逻辑？效果如何？这一章的分析将更加清晰地呈现特大城市城乡接合部社区治理面对的是何种组织与制度结构。

第一节　特大城市城乡接合部镇政府的结构制约

一、镇政府的组织格局

（一）权力配置

镇政府是党政权力一体化的有限权力政府。首先，党政机构的组成和运行高度一体化,党委统筹安排镇域活动,党政分工界限模糊。在实际运行中,镇党委和镇政府并不是制度上的分权关系,而是一种授权关系。镇政府内部基本上不存在独立于党委之外的权力①。镇党政机构的工作人员调配也经常交叉,除了镇领导的职务有明确的党政区别以外,镇工作人员在工作职责上很难区分出是党委系统还是政府系统。党政一体化导致权力一元化,党委书记是镇的最高领导,总管镇级各类事务,不论是人财物还是党政经,最高决策权和指挥权都由镇党委书记掌握①。这些权力包括:第一,掌管内部工作人员的职能配置;第二,掌管镇中层干部的职务安排,影响包括镇长在内的所有中层干部的职级晋升;第三,对镇长的直接领导,镇长虽然有一定的权力,但是需要得到镇党委书记的授权;第四,掌握镇财务的最高管理权,书记决定审批签字权的分配,可以由本人直接签批,或是让镇长签批,或者是分工签批。书记根据情况赋予或者收回镇长的财务签批权。虽然在镇领导看来,党政一体化有利于机构精简、有效开展工作,但这也使镇政府的内部分工和制衡被搁置,镇政府的整合效率严重不足。同时,党政权力一元化混淆了基层政权的政治功能和行政功能,使党组织的回应性难以稳定发挥。而且一旦基层政府发生违规行为,镇党组织也会连带受到质疑,成为基层矛盾的中心(见图3-1)。

其次,镇政府是一级权力构造残缺的政府,对内部单位只掌握有限的人事权,而对于垂直单位则完全丧失人事权和财权。镇党委书记不能任命副科级以上干部,也不能直接决定镇领导班子成员,这些干部的任命权在上级组织的人事部门,镇政府只有建议权。如B区G镇的行政编制、事业编制副科级以上干部由区组织部任命,副科级以下事业编制人员由区人事局调配,工勤编制人员由区劳动局调配。而垂直部门虽然设置在镇上,但却归属上级政府部门管理,基本属于镇政府的法外之地②。镇政府没有任何权力介入

① 赵树凯.乡镇治理与政府制度化[M].北京:商务印书馆,2010:138-139.
② 赵树凯.乡镇治理与政府制度化[M].北京:商务印书馆,2010:144.

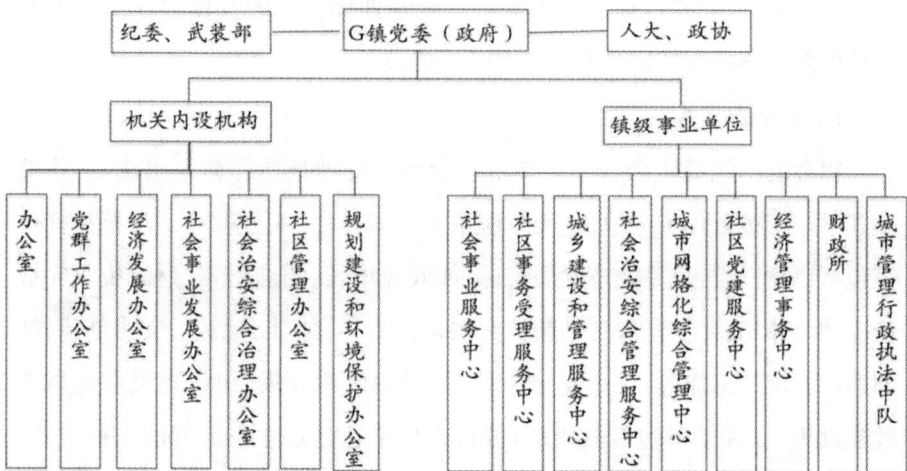

图 3-1　上海市 B 区 G 镇政府结构图

垂直单位的人员调配,连正式的建议权都没有。垂直单位的人员工资也归条条管理,与镇财政没有正式关系。镇政府与垂直单位不存在制约与被制约的关系,而是一种邻里关系①,即使双方之间有协助,更多地也是依赖私人关系。比如镇领导可以通过非正式的方式,运用与垂直部门上级领导的私人关系影响人事调配。更重要的是,垂直管理的部门包括工商管理所、公安派出所、税务所、土地所、环境保护所等,都是"有钱有权"的部门,而归属乡镇管理的都是"清水衙门"。垂直管理造成政府部门利益分化,更重要的是肢解了基层政府的权力,导致镇政府的基础性权力薄弱②,能够运用的权力

---

① MERTHA A C. China's "soft" centralization: shifting tiao /kuai authority relations [J]. The China quarterly,2005,184(Dec.):791-810.

② 迈克尔·曼(Michael Mann)把国家权力分为强制性权力和基础性权力。强制性权力是国家精英独立行使,不需要与市民社会协商的权力运作;基础性权力是中央集权国家专制或非专制的制度能力,目的是在社会内部贯彻执行国家命令(见迈克尔·曼.社会权力的来源:第1卷[M].刘北成,李少军,译.上海:上海人民出版社,2002:69。)。黄冬娅进一步解释道,基础性权力是国家权力在市民社会渗透、执行的能力,核心是国家的制度化和常规化能力(见黄冬娅.比较政治学视野中的国家基础权力发展及其逻辑[C/OL].谭安奎.中大政治学评论:第3辑.北京:中央编译出版社,2008[2020-6-20]. https://www.doc88.com/p-0117339230861.html.)。

资源十分匮乏。同时,镇政府面对着无限延伸和扩大的责任边界①,权力与责任的严重不平衡使镇政府往往"法"外施政②。

(二)问责体系

镇政府的问责体系基本上是由一套细化的考核指标体系组成,工作业绩几乎全部被量化为分数,上级政府依据分数排序、实施奖惩。考核指标体系包括以下三类:一是经济发展指标,如农业增长、招商引资、财政税收完成情况和个体私营经济等;二是精神文明建设指标,如社会稳定、文明创建、法制建设和统战工作等;三是党建指标,如思想政治建设、组织建设和党风廉政建设等②。除了下达考核指标,签订责任书也是近年来流行的一种方式。镇政府几项重要工作,如经济发展、人口管理、社会治安综合治理都实行了责任书制。一般先由上级党委、政府与镇党委、镇政府和职能部门签订责任书,再由镇领导、职能部门领导与下属部门的负责人签订,最后由这些分部门领导与工作人员签订。

为了完成上级下达的各项任务,镇政府往往将任务分解、量化,并以此建立考评体系②。自从90年代将稳定与发展确定为国家政治、经济中的两大主题之后,各级政府的工作重心就围绕这两大主题开展。稳定压倒一切,而经济快速发展是实现社会稳定的必要前提。经济发展成为衡量各级政府的首要指标,各级政府为了取得经济的快速发展,依靠行政责任给下级"加温加压",将指标层层分解、层层加压,直到科层制等级最基层的乡镇政府。这些任务和指标中的主要部分考核采取"一票否决"制。也就是说一旦一票否决的指标没完成,那么其他所有工作的成绩都会被淹没,镇主要领导得不到晋升,奖金也会受影响。

不可否认的是,这种高指标、高强度的问责方式在一定程度上起到了政

① 赵树凯.乡镇治理与政府制度化[M].北京:商务印书馆,2010:98.
② 荣敬本,等.从压力型体制向民主合作体制的转变:县乡两级政治体制改革[M].北京:中央编译出版社,1998:28.

治动员的作用,推动了镇级经济发展,但还是发生了"目标替代"现象,即放弃原初目标而追求与原目标不同甚至背离的目标。在理性的科层制中,与权力配置相匹配的激励机制激励官员以较高的效率实现预定目标,信息反馈系统纠正偏差和失误,防止科层制组织在政策执行过程中走样、丢失目标。但是,镇政府是整体权力残缺的一级政府,既缺乏对内部单位的完整人事管理权,也没有掌握最重要的职能部门的人事权和财权。高指标、高强度的激励方式与镇政府的权力配置不匹配。同时,镇政府内部权力高度集中,来自上级和科层制以外的监督都很苍白,信息反馈系统无法像理性科层制一样运作,纠正偏差和失误。于是,镇级落实能落实的,不能落实就变通①。镇政府的自利性目标在一定程度上遮蔽了公共目标,镇政府发挥的真正功能与上级要求的越来越远。

二、镇政府的财政困局

（一）镇财政的收支结构

镇政府的收入来源包括预算内收入和预算外收入。预算内收入受到上级财政局的监督,是镇政府从正规税收渠道获取的资金,包括农业四税(农业税、农林特产税、契税、耕地占用税,其中农业税和农林特产税2006年1月起已取消)、工商税(镇级及以下所办企业上缴的所得税、利润;镇辖区内纳税对象缴纳的城市维护建设税、房产税、车船使用税、印花税、土地增值税;其中镇辖区内纳税对象所缴纳的营业税、固定资产投资方向调节税、城镇土地使用税、个人所得税为镇与区的共享收入)、行政性收费(如农村宅基地手续费)、罚没款、上级返还、补助收入和从有关部门争取的专项资金等。

G镇的预算内收入主要有两部分,其一是税收收入,包括增值税、营业税、企业所得税、个人所得税、城市维护建设税、房产税、印花税、土地使用税和车船税,2017年、2018年和2019年G镇税收收入分别为8.15亿元、8.63

---

① 赵树凯.乡镇治理与政府制度化[M].北京:商务印书馆,2010:160.

亿元和7.3亿元;其二是非税收收入,包括行政事业性收费收入和其他收入
(见表3-1)。

表3-1　2017—2019年G镇公共预算收入情况表

单位:万元

项　　目		2017年	2018年	2019年
税收收入	增值税	39 665	42 955	36 184
	营业税	−124	−100	—
	企业所得税	20 462	19 678	16 720
	个人所得税	4 357	8 168	6 940
	城市维护建设税	4 566	4 565	3 856
	房产税	6 983	7 710	6 513
	印花税	3 985	2 350	1 985
	土地使用税	1 590	950	802
	车船税			—
	合计	81 484	86 276	73 000
非税收收入	行政事业性收费收入			
	其他收入			
合　　计		81 484	86 276	73 000

数据来源:根据《G镇2017年决算和2018年上半年执行情况》①《B区G镇2018年财政
决算报告》②《B区G镇2019年镇级预算执行情况和2020年预算(草案)的报告》③的数
据整理。

───────────

① B区G镇.G镇2017年决算和2018年上半年执行情况[R/OL].(2018-07-27)[2020-06-
20].http://xxgk.shbsq.gov.cn/article.html? infoid=df5acbae-dfb8-4cf6-9e55-9162bb53fe07.
② B区G镇.B区G镇2018年财政决算报告[R/OL].(2019-08-10)[2020-06-20].http://
xxgk.shbsq.gov.cn/article.html? infoid=f4a4162c-4f7d-4288-b2ad-f942b80db4a7.
③ B区G镇.B区G镇2019年镇级预算执行情况和2020年预算(草案)的报告[R/OL].(2020-
01-09)[2020-06-20].http://xxgk.shbsq.gov.cn/article.html? infoid=c71a2721-1aa2-4112-
929a-e1b9deafec49.

　　镇政府的税收收入并不等同于可支配收入。镇政府的可支配收入包括三部分,其一是返还性收入及专项补助,包括返还性收入和土地增值税补助;其二是转移性收入,包括一般转移支付和专项转移支付;其三是调入资金。G镇税务所按照区税务局下达的指标征税,完成纳税指标后可以按一定比例获得税收返回。镇财政收入和税收返回的比例并无统一规定。1991—1993年,上海各区县对乡镇实行1987年或1988年确定的"核定基数、收支包干、超收分成、超支自负、一定三年不变"的财政包干体制,具体办法各区自定。B区各镇实行"核定收支基数、环比递增包干上解、超收分成"办法。1994年以后,上海各区县对乡镇实行分税制财政管理体制。B区各镇实行"在原包干基础上,确定流转税分成比例,其他税收全额留用"办法。1996年实行区级财政与镇级财政按1∶9比例分成办法。1997年,对镇办私营经济区以1996年的税收实绩为基数,基数内全返,超基数部分镇当年得85%,1998年得75%,1999年及以后年度得65%。镇个体和集贸市场税收,以1996年为基数,超基数部分按5∶5比例分成。2001年各镇经济发展区非公经济财政收入,按总额35∶65比例分成。2002年,实行所得税分享改革,所得税补贴基数按2001年所得税财力的50%,2003年以后为60%补贴,2004年起转移支付比例从7%提高到10%[1]。G镇2017年、2018年和2019年的可支配收入分别为13.17亿、11.64亿和11.18亿元(见表3-2)。

表3-2　2017—2019年G镇可支配收入情况表

单位:万元

项　　目		2017年	2018年	2019年
返还性收入及专项补助	返还性收入	77 700	84 815	71 830
	土地增值税补助	19 780	8 390	18 800
	合计	97 480	93 205	90 630

---

[1]　刘红薇,葛爱玲,顾炬.上海财税税务志(1991—2005)[M/OL].上海:上海辞书出版社,2009[2009-11].https://www.czj.sh.gov.cn/zss/zfxx/czls/czz/shcsswz/.

（续表）

项 目		2017 年	2018 年	2019 年
转移性收入	一般转移支付	12 539	12 539	12 539
	专项转移支付	21 665	10 649	8 643
	合 计	34 204	23 188	21 182
调入资金				
总 计		131 684	116 393	111 812

数据来源：根据《G 镇 2017 年决算和 2018 年上半年执行情况》《B 区 G 镇 2018 年财政决算报告》《B 区 G 镇 2019 年镇级预算执行情况和 2020 年预算（草案）的报告》的数据整理。

不过，镇政府并不是征税的主休，税务所需要镇政府及其下属机构的力量，才能顺利完成征税。为了保证征税，区政府把税收完成状况作为镇政府的考核指标之一，又采用镇可支配财政收入与税收挂钩的方式，强化对镇政府的激励。但实际上，这种激励机制的作用有限，镇政府还可以通过其他方式获得自筹财政收入。如果两者之间存在矛盾，镇政府会权衡得失。事实上，"乡镇政府总是非常审慎地试图控制税收的边界，以便保障地方经济发展的利益和它的可支配财政收入的利益"[①]。

除了预算内收入，镇政府的另一部分收入是预算外收入，即依照法律规定自行收支、自由支配的，在国家预算管理之外的财政性资金[②]，是国家为了刺激基层政府发展经济的积极性，留给基层的机动财权。改革开放以后，预算外收入逐步成为镇政府收入的重要来源。镇政府的预算外收入包括镇统筹资金、部门收费和自筹资金。镇统筹是指镇合作经济组织依法向所属单位(包括镇、村办企业、联户企业)和农户收取，用于计划生育、乡村两级办

① 刘世定.乡镇财政收入结构和运作机制[M]//马戎,刘世定,邱泽奇.中国乡镇组织变迁研究.北京:华夏出版社,2000:129.
② 周黎安.转型中的地方政府:官员激励与治理[M].上海:上海人民出版社,2008:177-179.

学、优抚、修建乡村道路、民兵训练等民办公助事业的款项,2006年农业税费改革后取消。部门收费是镇行政机构或事业单位收取的有偿服务费。但是这部分收入中有些镇政府不能支配,由收费部门直接使用,如卫生院和学校的收费。镇自筹资金获取的形式有三种:土地转让金、租金、镇级企业的利润和提成。由城市扩张和土地占用带来的土地转让金和租金成为镇政府增加收入的重要途径。特大城市城乡接合部如火如荼的商品房开发,让土地转让金和租金成为镇政府预算外收入的主要来源,而镇办企业是镇政府获取自筹资金的又一重要途径。

镇财政的支出可以分为两个部分:行政管理费和公共事业开支。行政管理费是维持镇政府正常运转的直接开支,分为人头费和办公费两部分,属于吃饭的钱;公共事业开支属于办事的钱。人头费是镇政府工作人员的工资和福利,财政状况好的镇,人头费比例就低些;财政困难的乡镇,人头费占的比例就高些。G镇的行政管理费归属在一般公共服务支出中,是其中的大头。2019年,G镇一般公共服务支出6 927万元,除了司法支出67万元和其他支出46万元以外,主要是镇政府各部门人员经费、行政运行费用等①。

办公费主要有招待费、报刊费、车费、电费、电话费、取暖费、差旅费等。"一个全部财政收入一百多万的乡镇,招待费花去十几万并非个别。"②2012年12月,中央出台"八项规定"改进工作作风,要求"轻车简从、减少陪同、简化接待""不安排宴请""精简会议活动",各级政府的"三公经费"不断下降。

2017—2019年,G镇(全镇行政及事业单位,包括学校及卫生院)的公务接待费分别是53万、23万和21万,呈逐年下降趋势(见表3-3)。镇政府需要用车开会、下村检查指导、跑项目以及接待应酬等。一般情况下,富裕的镇党委班子人人都有专车和司机,每年的汽油费、过路费和车辆保养费成为

---

① 上海市宝山区人民政府.顾村镇2019年财政预算执行情况(草案)的报告[EB/OL].(2010-01-09)[2020-11-06].http://xxgk.shbsq.gov.cn/infoDirectory.html? dept=003005&&cate=002001001.

② 赵树凯.乡镇治理与政府制度化[M].北京:商务印书馆,2010:111.

一笔巨大的开支,而且是刚性开销。近几年,G镇推进公车改革,只有镇党委书记保留一辆公车,其余公车全部取消。镇政府为其他各级干部发放交通补贴,鼓励干部自驾或乘坐公共交通。2019年,G镇的公务用车购置及运行费预算是47万元,比2017年下降了近一半。

表3-3 2017—2019年G镇三公经费支出情况表

单位:万元

项 目	2017年	2018年	2019年
因公出国(境)费用	15	18	6
公务接待费	53	23	21
公务用车购置及运行费	83	21	47
总 计	151	62	74

数据来源:根据《G镇2017年决算和2018年上半年执行情况》《B区G镇2018年财政决算报告》《B区G镇2019年镇级预算执行情况和2020年预算(草案)的报告》的数据整理。

公共事业开支包括民生保障(社会保障和就业支出、住房保障支出)、社会事业(教育、文化体育与传媒、医疗卫生、科学技术、农林水事务)、经济及产业结构调整(资源勘探电力信息等事务)、城市建设及管理(城乡社区事务、交通运输、节能环保、商业服务等事务)等。镇政府负责为居民提供以下三类公共物品和服务:一是提供具有外部性,但是收益和成本不溢出辖区范围的地方公共物品,如乡村道路建设、公共安全和土地整治等;二是收益有外部性或者成本溢出辖区范围,需要上级政府或其他辖区合作供给的公共物品或服务,如区域水土治理、卫生防疫和基础教育等;三是收益排他、有一定规模经济的俱乐部物品,如文化、医疗和社区福利项目①。但G镇的财政支出已经偏离了规范的公共财政要求。首先,G镇在与上级政府的合作中,

---

① 谭秋成.地方分权与乡镇财政职能[J].中国农村观察,2002,23(2):2-12.

承担的公共物品供给份额过大。其次,G 镇大量人口导入,公共服务需求也急速上涨,不能满足辖区内居民的需求,而且还引发了本地居民与外地居民的利益矛盾。G 镇财政职能偏离的结果是财政支出攀升,2014 年 G 镇的财政支出为 8.27 亿元[①],2017 年增加至约 12.87 亿元(见表 3 - 4)。这也成为 G 镇财政困局的重要原因之一。

表 3 - 4　2017—2019 年 G 镇地方一般公共预算支出情况表

单位:万元

项　　目	2017 年	2018 年	2019 年
一般公共服务支出	5 104	6 473	6 927
公共安全支出	43	62	67
教育支出	22 824	23 028	26 976
科学技术支出	4 752	4 997	3 378
文化体育与传媒支出	1 400	2 186	1 916
社会保障和就业支出	10 881	12 434	11 450
卫生健康支出	6 346	6 557	6 722
节能环保支出	234	215	341
城乡社区支出	49 887	34 056	26 101
农林水支出	4 302	7 871	8 173
交通运输支出	172	253	440
资源勘探信息等支出	18 653	9 000	10 922
商业服务业等支出	1 359	700	——
住房保障支出	1 937	2 142	2 549
其他支出	766	793	46
预备费	——	——	——

① 上海市 B 区人民政府.G 镇 2014 年财政预算执行情况和 2015 年财政预算的报告[EB/OL].(2015 - 03 - 06)[2020 - 12 - 06]. http://xxgk.shbsq.gov.cn/article.html? infoid=dc73c646-02ff-465e-bc5a-aa6d8f6f18e4.

（续表）

项　　目	2017 年	2018 年	2019 年
合　　计	128 660	110 767	106 008

数据来源：根据《G 镇 2017 年决算和 2018 年上半年执行情况》《B 区 G 镇 2018 年财政决算报告》《B 区 G 镇 2019 年镇级预算执行情况和 2020 年预算（草案）的报告》的数据整理。

（二）镇政府的财政困境

1994 年的分税制改革划分了中央与地方政府的事权，重新确定了各级财政的支出范围。中央财政对地方采取转移支付和税收返还制度。中央政府通过分税制改革重新确立了财政分配的主导地位。改革后，中央财政收入在财政总收入中的占比明显上升。但是，分税制只调整了中央和省级财政收入的划分办法，没有涉及省级以下的财政体制，省级以下仍然沿用财政包干制。省级以下政府间财政分配体制参照中央与省级政府，通常由上级政府确定下级政府当年的支出项目、收入基数和分成比例。在压力型体制和晋升锦标赛的影响下，财政压力逐级下传，最终落到了镇政府。各级政府层层集中财力，作为基层的镇政府的财力被上级政府逐级抽取。如镇级 75% 的增值税要上交中央，其余 25% 被地方各级政府分成，县（区）要分走一部分，留给镇级的通常不到 20%[①]。"乡财县管"又进一步弱化了镇政府的财政职能，镇财政逐渐"空壳化"，镇政府运转困难。压力型体制导致财权上收的同时，必然导致事权下放，这种状况在 G 镇也十分突出。大量旧区改造动迁居民、经济适用房住户、外来务工人员等迁入 G 镇，需要相应的公共服务供给，这给镇财政带来了沉重的负担，虽然有部分市财政的转移支付资金支持，但是杯水车薪，远不能填补 G 镇因此而产生的财政缺口。这种财权与事

---

① 刘圣中.国家任务压力下的乡镇财政执行模式——基于江西省 A 县 O 镇的研究[C]//托马斯·海贝勒,舒耕德,杨雪冬."主动的"地方政治：作为战略群体的县乡干部.刘承礼,等译.北京：中央编译出版社,2013：410.

权的不对称是造成 G 镇财政困境的重要原因之一。

　　造成镇政府财政困境的另一个重要因素是缺乏严格的预算制度,镇级预算没有约束力,呈现出软预算约束问题(soft budget problem)。"软预算约束"的概念最早由亚诺什·科尔奈(Janos Kornai)提出,他注意到公有制企业在生产中只追求产出,不注重效率,并力图突破预算限制,在出现亏损时可以从国家那里获取资源弥补亏空。研究者们从两种不同路径来解释预算软约束的发生机制,一种从外生变量探讨预算软约束发生的原因,即"父爱主义"[1][2]"政治目标"[3](如对实业的担忧)"政策性负担"[4]-[7]、寻租[8]和产权[9]。另一种解释将预算软约束视为内生变量引发的,即源于信息不对称和时间非一致性引发的承诺可信度问题[10][11]。怀尔德森·大卫(Wildasin David)用这一概念解释地方政府行为,指出中央政府会救助身负巨债的地方政府[12]。而周雪光却发现了"逆向软预算收入"现象,即财政体制改革后基层政府预算部分"硬化",基层政府从向下摊派中获取预算外收入[13],发生这

① 亚诺什·科尔奈.短缺经济学(下卷)[M].张晓光,等译.北京:经济科学出版社,1986.
② 亚诺什·科尔奈.矛盾与困境:关于社会主义经济和社会的研究[M].沈利生,译.北京:中国经济出版社,1987.
③ HILLMAN A,KATZ E,ROSENBERG J. Workers as insurance:anticipated government assistance and factor demand[J]. Oxford economic paper,1987,39(4):813-820.
④ 林毅夫,蔡昉,李周.中国的奇迹:发展战略与经济改革[M].上海:上海人民出版社,1994.
⑤ 林毅夫,谭国富.自生能力、政策性负担、责任归属和预算软约束[J].经济社会体制比较,2000,16(4):54-58.
⑥ 林毅夫,刘明兴,章奇.政策性负担与企业的预算软约束:来自中国的实证研究[J].管理世界,2004,20(8):81-89.
⑦ 林毅夫,蔡昉,李周.充分信息与国有企业改革[M].上海:上海人民出版社,1997.
⑧ GOLDFELD S,QUANDT R. Budget constraints,bailouts and the firm under central planning[J]. Journal of comparative economics,1988,12(4):502-520.
⑨ SCHMIDT K,SCHNITZER M. Privatization and management incentives in the transition period in eastern Europe[J]. Journal of comparative economics,1993,17(2):264-287.
⑩ DEWATRIPONT M,MASKIN E. Credit and efficiency in centralized and decentralized economies[J]. Review of economic studies, 1995,62(4):541-555.
⑪ 张军,王祺.信息不对称条件下的银行软预算约束研究[J].世界经济文汇,2001,45(5):42-45.
⑫ WILDASIN D. Externalities and bailouts:hard and soft budget constraints in intergovernmental fiscal relations[R]. Washington, D. C. World Bank,1997.
⑬ 周雪光."逆向软预算约束":一个政府行为的组织分析[J].中国社会科学,2005,26(2):132-143.

种行为主要是因为官员对资源密集型政绩工程建设的追求①②。但狄金华认为逆向软预算约束的诱发原因已由自身政绩目标转向自上而下的政策性负担。镇政府向辖区内的居民和厂商转嫁政策负担，而被"转嫁"的村庄或厂商可以获取国家或省级的财政资金，获得"政策性收益"，双方以"合谋"的方式实现了互惠③。

三、镇政府的服务型政府转向

"在社会的高度复杂性和高度不确定性的条件下，在由多元治理主体构成的社会治理体系中，政府本位主义已经丧失了历史合理性。④"服务型政府正是对这一变化的回应。2002年，十六大报告提出"完善政府的经济调节、市场监管、社会管理和公共服务的职能"，首次明确了政府的公共服务职能。2003年，党的十六届二中全会通过《关于深化行政管理体制和机构改革的意见》，把行政管理体制改革上升为"推进政治体制改革的重要内容""推动我国上层建筑更好地适应经济基础的一项重要的制度建设和创新"。据此形成并且由十届全国人大一次会议通过的《国务院机构改革方案》，在强调政府对经济进行宏观调控的基础上，赋予政府社会管理和公共服务的职责和要求，"在社会主义市场经济条件下，政府职能主要是经济调节、市场监管、社会管理和公共服务。"⑤2003年"非典"的暴发，以及环境和弱势群体问题的凸显，促使中国拉开了服务型政府建设序幕。2004年，温家宝在国务院《政

---

① 马骏,刘亚平.中国地方政府财政风险研究："逆向软预算约束"理论的视角[J].学术研究,2005,33(3):1-24.
② 杨爱平.我国区域政策执行中的"逆向软预算约束"现象——以 X 省"山区开发"为例的拓展分析[J].中山大学学报(社会科学版),2007,53(3):75-79.
③ 狄金华.政策性负担、信息督查与逆向软预算约束——对项目运作中地方政府组织行为的一个解释[J].社会学研究,2015,30(6):49-72.
④ 张康之.论主体多元化条件下的社会治理[J].中国人民大学学报,2014,28(2):2-13.
⑤ 朱镕基.政府工作报告——2003 年 3 月 5 日在第十届全国人民代表大会第一次会议上[R/OL].(2006-02-16)[2020-12-10].http://www.gov.cn/test/2006-02/16/content_201173.htm.

府工作报告》中首次提出"服务型政府"的概念①。2005 年,全国人大十届三次会议通过的《政府工作报告》正式提出建设服务型政府的目标,即"创新政府管理方式,寓管理于服务之中,更好地为基层、企业和社会公众服务"。2006 年,十六届六中全会通过《中共中央关于构建社会主义和谐社会若干重大问题的决定》,明确提出"建设服务型政府,强化社会管理和公共服务职能","建设服务型政府"第一次被写入党的指导性文件。2007 年,十七大报告提出"加快行政管理体制改革,建设服务型政府",并把公共服务和社会管理放在更加重要的位置。2012 年,十八大报告指出要建设"职能科学、结构优化、廉洁高效、人民满意的服务型政府",明确了服务型政府的建设方向。十八届三中全会通过《中共中央关于全面深化改革若干重大问题的决定》,提出"建设法治政府和服务型政府",进一步深化了党对建设服务型政府的认识。2017 年,十九大报告提出"建设人民满意的服务型政府"。2019 年,十九届四中全会通过的《中共中央关于坚持和完善中国特色社会主义制度推进国家治理体系和治理能力现代化若干重大问题的决定》提出"行政机关为人民服务、对人民负责、受人民监督",进一步明确了"人民满意的服务型政府"的建设方向。

对于镇政府来说,服务型政府转向意味着政府体系内的一系列权责调整,包括厘清不同层级间政府的职能边界、明确职能权重、强化镇政府的服务功能、弱化经济功能,从注重经济职能向更加均衡的多目标任务体系转变。近年来中央下达指导意见,明确指出:"直辖市、副省级城市、省会城市及经济社会发展水平较高的城市,应当全面取消街道承担的招商引资、协税护税等工作任务,暂不具备条件的可先在中心城区实行,再逐步推开。"②上海、北京、成都等改革力度较大的城市上收了街道办事处的招商引资权,取

① 温家宝.政府工作报告——2004 年 3 月 5 日在第十届全国人民代表大会第二次会议上[R/OL].(2006 - 2 - 16)[2020 - 12 - 10].http://www.gov.cn/test/2006 - 02/16/content_201193.htm.
② 中共中央办公厅.关于加强和改进城市基层党的建设工作的意见[Z].2019 - 05 - 08.

消了其经济职能,将街道的工作重心调整为公共服务、公共管理和公共安全的"三公"领域。区政府全额拨款,为街道办事处提供经费保障,街道办事处结束了通过税收分成的"自收自支"时代,由软预算约束向预算约束硬化、规则导向的运行方式转变。虽然镇政府的改革力度不及街道,但公共服务与社会治理在职能结构中的比重也迅速上升①。

　　服务型政府强调政府的公共服务供给功能,而且要提供尽可能多高品质的公共产品与服务。特大城市城乡接合部社区的公共服务资源缺口大、需求差异强。在这种情况下,各区、镇两级政府开始了符合自身特点、别具特色的实践探索。第一,改革公共财政体制和权责分配体制。为了缓解镇财政逐年上升的公共管理支出压力,上海市按照财权与事权相匹配的原则,适当调整市、区、镇三级财政管理体制,财力进一步向基层倾斜,以保证基层基本公共服务的正常供给。同时,建立财权与事权相匹配的管理体制,合理划分市、区、镇的职责,明确各级政府基本公共服务支出责任和管理责任,使各级政府的职责分工与实际能力相匹配。第二,完善社区管理组织架构。按照"关口前移、服务下沉、条块结合、注重实效"的原则,及时完善了镇和社区两级社区管理组织架构,促使社区事务受理、卫生、物业、文化等社区服务进社区,实现了社区管理与城市综合执法对接。引导社区探索居民自治和社会共治的实现机制,构建多元社区治理网络。第三,建设公共服务设施。如宝山区进一步增加社区公共服务设施,重点建设社区卫生服务站、居家养老服务和老年人活动室等为老服务设施,逐步填补社区在教育、就医、就业与社会保障、文化体育以及居民"开门七件事"等领域的空白。第四,搭建多种综合服务平台。将不同种类的服务集中到平台,提高行政效率,方便多元主体协商沟通。如浦东区S镇的世博家园市民中心汇聚了政务服务、社区服务、就业服务、关爱服务、自治服务、教育服务、文娱服务、健身服务、团队服务、会展服务十个类别70多个项目。该中心委托浦东非营利组织发展中心

① 黄晓春,周黎安."结对竞赛":城市基层治理创新的一种新机制[J].社会,2019,39(5):1-38.

对部分服务项目进行管理与服务,在了解居民需求的基础上陆续开设了老来客会馆、众乐文化圈、编织希望手工坊等特色项目①。

这些改革措施对于建设服务型政府意义深远,但同时也出现了一些与改革初衷不相符合的意外后果。正如米歇尔·克罗齐耶所说:"一切有组织的人类行动,所有的集体的努力,所有的意识形态的动员,皆会产生种种所谓的'反常效应',也就是说,会产生与参与者的意愿相悖的结果。我们不能将这类反常效应归咎于某种邪恶的势力——要么归咎于社会顶层的权势者,要么归咎于社会底层煽动闹事的家伙——而应视其为人们之间诸种相互依赖关系的必然产物。"②

服务型政府改革全面强化公共服务、公共管理与公共安全的职能,强调规范镇政府形成依法、依规、依预算的规范化运行方式。这些制度改革消解了原有治理机制的运行条件,但又没有形成与服务型政府改革紧密配套的新型治理机制,基层治理遇到了深层挑战:"三公"领域的绩效有多重评估标准和价值导向,现有的评估方法识别度较低,难以对镇政府形成有效激励;经济职能取消后镇政府体制内的弹性空间被压缩,镇政府以发育社会组织等方式来寻求弹性空间,导致社会组织的属性异化;经济纽带弱化后,治理网络拓展机制遭遇挑战。黄晓春进一步分析了服务型政府改革对基层条块关系和社会治理的影响:一是"块"依赖"条"的资源支持和考核汇报,"条"的位置与作用上升,基层条块关系呈现出既竞争又合作的"结对竞赛"特征;二是导致基层治理的创新经验难推广且缺乏延续性和稳定性,形式主义盛行③。因此,"治理转型的过程不是单纯依靠颁布显性化的制度、规则和条例就能简单促成的,还有赖于那些与新型治理模式紧密匹配的运行机制。"④

---

① 张炯.上海市"镇管社区"模式演变探究及优化思考[D].上海:中共上海市委党校,2017.
② 米歇尔·克罗齐耶.法令不能改变社会[M].张月,译.上海:格致出版社,2008:3.
③ 黄晓春,周黎安."结对竞赛":城市基层治理创新的一种新机制[J].社会,2019,39(5):1-38.
④ 黄晓春.当前城市基层政府改革的深层挑战——基于机制分析的视角[J].江苏行政学院学报,2017,17(03):114-120.

雷望红以 12345 政府热线的乡村实践为例,从国家与社会关系的变化探究服务型政府建设的意外后果。她指出,服务职能转向导致国家与社会的互动媒介发生变化,由物质资源的汲取与输入变为"需求"与"服务"。不仅如此,服务职能转向还导致国家与社会之间的互动方式变化。在服务型理念下,农民利用信息不对称和服务话语保护策略性地表达私利需求,而政府利用技术治理和行政动员将行政压力转嫁到基层,村干部则通过平衡满意率、表述规范化、保留证据链等手段释放压力、规避责任。由此带来的后果是服务理念在实践中被异化,服务型村级组织不仅不能为村民提供有效的服务,还破坏了乡村社会的公共规则,影响了乡村社会的实质治理,并不断弱化村干部治理的合法性,最终可能引发国家基层治理的风险①。

黄晓春和雷望红的研究从不同角度分析了基层政府的服务职能转向实践,黄晓春侧重分析制度变迁的配套机制,而雷望红聚焦制度变迁引发的国家与社会关系变化。虽然关注点不同,但都注意到了服务型政府建设导致基层政府的自由裁量空间被压缩。不过,即使是在这样的制度背景下,镇政府的官员也并不只是被动地适应环境,他们总是"拥有一种最低限度的自由,他们不可能不运用这种自由来'与系统进行斗争'"。"这样一来,某种规则或者某种事先的程序,它们猛一看上去仿佛作为某些限制出现,但人能够让其背离原意,并将之作为一种抵御上级的保护性手段来使用。"②在治理实践中,镇政府或是将社会组织吸纳进系统内,通过发育社会组织拓展自身的灵活性,或是采用各种避责策略以形式治理取代实质治理。因此,服务型政府建设依然要为镇政府保留一定的模糊治理的空间,能够让基层官员拥有相当的资源和权限去面对复杂的治理情境。

①   雷望红.被围困的社会:国家基层治理中主体互动与服务异化——来自江苏省 N 市 L 区 12345 政府热线的乡村实践经验[J].公共管理学报,2018,15(2):43-55.
②   米歇尔·克罗齐耶,埃哈尔·费埃德伯格.行动者与系统——集体行动的政治学[M].张月,译.上海:上海人民出版社,2007:28-29.

第二节　特大城市城乡接合部社区治理的组织安排

一、作为一种制度创新的镇管社区

（一）含义

在城市郊区化的推力和郊区城市化的拉力的双重作用下，大量迁移人口在特大城市城乡接合部聚集，一些村庄撤村并居。镇域内出现了市区动迁居民聚居小区、商品房小区和本地村民动迁安置小区，单一的农村社区逐步发展为农村社区与城市社区并存的混合型社区。面对大量城市化社区的生成、人口结构的复杂化和公共服务需求的差异化，既有的管理模式已经难以适应社区发展的新需要，各个镇政府开始在实践中探索一种新的社区管理模式，即"镇管社区"。

何谓"镇管社区"？官方和学术界尚无明确定义。2005年浦东新区的《政府工作报告》[①]中第一次提到了"镇管社区"，指的是一种介于传统的郊区体制与中心城区体制之间的新型社区管理模式，即镇作为一级政府，对镇域内城市化程度不同的区域实施社区分类管理，同时保留了镇作为一级政府的强大功能和社区居委会的精细化管理。经过上海各区镇政府的探索实践，2012年《关于开展"镇管社区"创新试点工作的意见》（沪社工委〔2012〕55号）将"镇管社区"界定为"在不改变现行镇的行政建制的基础上，探索建立实行分片、直接管理相互结合，财政扶持、服务方式相互配套，共治、自治协同推进的社区管理和服务新机制"。

杨发祥和施丹从管理方式的角度，提出"镇管社区"是"采用与管理农村社区有差别的政策与行政手段，实施符合城市化管理与服务实际的行政管

---

① 上海市浦东新区史志编纂委员会.浦东新区年鉴:2005[M].上海:浦东年鉴社,2005:9.

理方式。"①张敬芬、张波和郜鹏峰从组织结构的角度,指出"镇管社区"是"在镇和居(村)委会之间设置社区作为中间治理层"②,通过"非行政性层级来解决大镇管理幅度不合理和管理无法精细问题"③。闵庆峰、桂家友和彭勃等从基层治理现代化转型的角度,认为"镇管社区"是"在镇与居(村)之间搭建覆盖各居住区的综合性管理平台、网络化服务平台"④,实现"行政分权与多元合作"②"社区自治与共治协同推进"⑤⑥,推进"公共管理服务有效下沉""促进政府职能转变和社会组织发育的重要途径"③。

总的来说,"镇管社区"是在现行镇的行政体制架构下,在镇和居(村)委会之间设置非行政性层级的中间治理层,分片、分类管理,实现财政扶持、服务方式相互配套,社区自治与共治协同推进的一种社区治理模式。"镇管社区"是一种快速城市化过程中的过渡型治理模式。虽然城乡接合部在行政区划上归属城市,但是镇以下的城市化改造尚未完成。镇域内仍然存在农村社区,村庄撤村并居后,原村集体资产由村经济股份公司继承运营,村民从中获取分红和福利。村民不仅在经济上与原村组织联系紧密,遇到各种问题也习惯性地寻求原村组织的帮助。而且,镇是一级政府,比街道的决策权和财政权更大,如果撤销镇变为街道,直接影响镇域利益,难免会形成较大阻力。再者,上级政府没有足够的财政拨款满足城市化社区的公共服务需求,镇政府可以发挥财力优势,加大社区建设和公共服务投入,实现对城

① 杨发祥,施丹.镇管社区:社区管理模式的一种新探索——以上海浦东 S 镇为例[J].福建论坛(人文社会科学版),2012,32(7):150 - 155.

② 张敬芬.完善"镇管社区"推进基层治理——上海嘉定马陆镇的实践[J].党政论坛,2016,32(6):34 - 37.

③ 张波,郜鹏峰.镇管社区:基层社会管理体制的改革探索——基于上海市浦东新区的实践分析[J].上海党史与党建,2013,32(3):45 - 48.

④ 闵庆峰."镇管社区":浦东创新社会管理的探索[J].浦东开发,2011,20(10):41 - 43.

⑤ 桂家友.边缘化郊区到现代化城区——以浦东基层社会治理探索为视角[M].上海:上海人民出版社,2016:108 - 110.

⑥ 彭勃.从行政逻辑到治理逻辑:城市社会治理的"逆行政化"改革[J].社会科学,2015,27(5):18 - 26.

市化社区的有效管理。因此,镇管村的行政体制不可能在短时间内转变为街居制,只能根据城乡接合部社区的特点,采取介于传统的城乡体制之间、结合"镇、居"两种制度优势的新型社区管理模式。而分片、分类管理的方式,划小了管理和服务单元,分担了镇的管理压力,既有利于加强对条线部门和职能部门的日常监督,也有助于提高管理的精细化和服务的有效性。

（二）发展历程

1995 年,上海市浦东新区严桥镇率先开始探索"镇管社区"模式,严桥镇构建了具有城乡接合部特点的社区管理三级网络,即"镇管社区""两委一中心"的基本架构,包括社区党委（总支）、社区委员会和社区中心。浦东新区的钦洋镇和花木镇也相继开展了"镇管社区"实践。

2005 年,浦东新区成为全国第一家获批的综合配套改革实验区,而"镇管社区"与"政府职能转变""消除城乡二元结构"成为推进镇政府职能转变和城乡一体化发展的重要载体。在此背景下,原花木镇、川沙新镇、三林镇等镇进入了"镇管社区"的多元试点阶段。同一时期,闵行区浦江镇、宝山区大场镇、顾村镇和奉贤区南桥镇等先后开始"镇管社区"实践,并结合自身特点探索出各具特色的运作模式。

2011 年,上海在各区探索实践的基础上,逐步将"镇管社区"制度化。上海市政府在《关于加强新形势下社区建设的若干意见》（沪委办发〔2011〕51 号）中,明确提出镇域范围内建设的集中居住社区由镇政府管理,一般不另设街道办事处。由此,"镇管社区"模式成为上海郊区社会管理体系改革的指导性思路。2012 年,上海市社会工作党委、市社建办下发《关于开展"镇管社区"创新试点工作的意见》（沪社工委〔2012〕55 号）,对全市郊区县开展"镇管社区"试点的 11 个镇分阶段、分类别推进,开展"镇管社区"的创新试点工作,包括发挥党建在"镇管社区"中的引领作用,探索建立社区党委、社区中心和社区委员会,搭建社区共商共治的议事平台等。同年,颁布《关于加强本市大型居住社区行政管理和公共服务配置的若干意见》（沪府〔2012〕46 号）,对大型居住社区的行政管理和公共服务资源配置、警力配置、城管执法力量配置标准予以规定。

2014 年,上海市在"市委 1 号课题"调研成果的基础上,出台政策优化"镇管社区"的管理体制。新的政策思路采取做实基本管理单元和析出街道的方式应对快速城市化区域的管理体制配套问题。而"镇管社区"与基本管理单元为交叉关系,在被民政部门认证为基本管理单元后,"镇管社区"才能获得市区两级的合法身份以及相应的资源支持和权能配备。2015 年,上海第一批认证的基本管理单元有 67 个,其中浦东新区最多,有 35 个。

2015 年,上海市出台《关于创新镇管社区体制提升基层治理能力的意见》(沪社工委〔2015〕41 号),在此基础上,宝山、浦东等区也先后发布专门文件,开启了新一轮"镇管社区"创新实践,重点探索基本管理单元的管理模式以及既有体制创新模式与镇域实际情况的匹配关系。宝山区率先出台《关于探索完善"镇管社区"体制机制的实施方案》(宝委〔2015〕92 号),提出包含基本管理单元分级管理、包含片区分级管理、直接管理等三种"镇管社区"基本模式,鼓励各镇在此基础上探索新模式,形成覆盖全区的"3+X"模式。

（三）组织架构

"镇管社区"的组织架构主要分为两种类型。

第一类,在镇与居委会之间不设中间层级,浦东新区的"两委一中心"就是这种类型。"两委一中心"即社区党委、社区委员会和社区中心。社区党委是镇党委领导下的基层党组织,是社区的领导核心,由镇派遣干部、居民区书记和社区单位负责人组成,领导所属居民区(村)党组织,凝聚各方力量,协调社区事务,推进社区建设,指导社区自治等。社区委员会是社区议事机构和共治平台,由社区代表组成,动员社区内各个主体,参与社区事务协商共治。随着镇管社区治理模式的深入探索,一些镇在社区委员会下设针对不同社区事务的专业委员会,如行政事务专业委员会、社会事务专业委员会、党群工作指导委员会等。社区党委和社区委员会由社区党代表和社区代表选举产生。社区中心是社区工作平台,承接政务和社区事务,落实社区委员提出的社区建设和管理的决议。这种类型的制度优势在于成本较低,扁平化管理为社区自治留下更多发挥空间,但是社区中心定位不明、职责不清,条线专业管理力量配置不到位[1],难以实现社区精细化治理。

第二类,在镇与居委会之间增加一级管理机构,形成"镇—社区—居委"的三级组织。在实际运作中,"按照党政两条线布局:一条是党组织系统,即'镇党委—社区党委(党工委)—居民区党支部',在社区管理中发挥领导核心作用;另一条是行政系统,即'镇政府—社区管理委员会—居委会(社工站)体系'"[2]。在社区层面进一步细化职能划分,构建包括社区党委、社区管理委员会、社区委员会和社区综合服务中心(市民中心)在内的"三委一中心"的组织框架。社区党委和社区委员会的功能与"两委一中心"相同;社区管理委员是办事机构,承接镇政府交办的各项工作,接受镇政府各职能部门指导,是镇政府职能在社区的延伸。这种类型缩小了管理幅度,有利于推进精细化管理与服务,但是增加了治理层级,会形成新的条块矛盾,导致治理成本高企,而且精细化管理对社会自治产生挤出效应[3]。

有的在镇与社区管理机构之间增设社会建设/党建联建工作领导小组,组织领导辖区内的社会建设工作。有的在镇政府设立社区工作指导站,在社区办领导下,为大型居住社区建设和治理提供业务指导和智力支持。各镇经济社会的实际运行情况各异,城市化程度也有差异,因此各镇演化出各具特色、形态多样的"镇管社区"类型。

(四)社区的模糊定位

"镇管社区"中的"社区"是镇政府与居委会之间的中间层级,是镇政府的派出机构和职能延伸,在镇党委和镇政府的领导下负责所属居民区的党务、政务和服务。为了不增加行政编制和事业编制,采取"编制在上,人员在

---

① 桂家友.城市新建大型居住社区的管理困境与创新治理——以上海市浦东新区为例[J].上海城市管理,2015,24(1):42-48.

② 杨发祥,施丹.镇管社区:社区管理模式的一种新探索——以上海浦东S镇为例[J].福建论坛(人文社会科学版),2012,32(7):150-155.

③ 叶敏,熊万胜.镇管社区:快速城市化区域的镇级体制调适——以上海浦东新区H镇的镇管社区建设经验为例[J].中国行政管理,2018,34(10):98-103.

下"的方式配备社区管理人员。如果人员紧缺,依据社区大小配备增派行政人员和事业编制人员,其他工作人员大部分采取外聘方式。"社区"拥有的权力大小取决于区政府是否愿意将这一中间层级做实。对于区政府来说,一方面希望发挥镇管社区的治理作用,但另一方面又不愿意增加治理层级,造成治理成本高企和新的层级矛盾。在双重目标指引下,区政府的政策设计有时会出现模糊性和不确定性。浦东新区政府文件中规定"社区"是非行政层级,意味着"社区"只承接镇政府的委托事项,对居村没有工作布置权。但文件中又指出,"社区党委与村居党组织之间是指导、服务和督查关系",指导和服务可以理解为协调关系,而督查则代表着上级对下级的权力行为。而且文件中还规定"社区党委在村居党组织确定党员发展对象时有'预审权',在村居干部评优时有'否优权',对村居党组织书记的任免有'建议权',对村居年度工作考核有'话语权'。"①虽然"社区"并非行政层级,但却拥有行政权限,对村居行使部分人事权和管理权。在实际运行中,除了大市镇②政府由于拥有较大的经济社会管理权限,下沉到"社区"层面的权力资源较为齐全以外,大部分的镇政府权力本身就比较薄弱,下沉的事权也就更为单薄。常常出现的情况是"下放的都是一些'鸡肋'职能,职能部门把难做的、不愿做的下放了"。①"社区"既要完成大量上级部门的行政工作又要承担辖区的日常事务,但是却没有相应的权能和资源。

---

① 叶敏,熊万胜.镇管社区:快速城市化区域的镇级体制调适——以上海浦东新区 H 镇的镇管社区建设经验为例[J].中国行政管理,2018,34(10):98-103.

② 大市镇是指镇域人口达到 40 万以上或根据区域功能,通过行政区划调整达到规模人口的镇,如浦东新区三林镇、宝山区顾村镇、闵行区浦江镇以及郊区的新城等。大市镇除镇级政府原有的职能外,凡是区县政府可以下放的职能权限,大市镇政府都可以有比较充分的授权。上海市政府依据《国务院关于进一步推进长江三角洲地区改革开放和经济社会发展的指导意见》(国发〔2008〕30)的相关政策,赋予大市镇政府必要的城市管理职能职权,包括市容、环境、绿化、环保、住房规划管理及市政设施管理等。按照责、权、利一致,事权与财权一致的原则,赋予大市镇政府相应的人、财、物权限。

二、行政逻辑 vs 治理逻辑

特大城市城乡接合部社区的人口结构复杂、治理需求多样,而镇政府的行政资源有限。因此,在"镇管社区"的设计之初,就在探索一种强调共治与自治的逆行政化的治理逻辑[①]。按照这一设计,社区层面实施共治,村居层面实施自治。社区共治的载体是社区代表大会和社区委员会。社区代表大会由社区党委成员、政府公务员、人大代表、政协委员、企事业单位代表、社区非政府组织代表以及居民代表参与,社区委员会由社区代表大会民主选举产生。社区委员会通过议事会议制度、联系居(村)民制度、听证征询制度、财力筹集制度、服务协调制度等开展共商共治[②],有效整合资源、协调各方利益、加强社区管理、改善社区服务,构建"社会生活共同体"。如宝山区顾村镇馨佳园大型居住区的居民区联合服务中心(功能类似于社区委员会)作为社区共治平台,建立物业管理联席会议和商业管理联席会议,设立社区事务受理站、卫生服务中心、组建综合执法队,联合派出所、居委会、物业公司、社区志愿者等力量,搭建政府、企业、居民多方共同商议社区事务的平台,共同解决社区物业管理、商业发展等重点和难点问题,开展社区综合治理。社区共治平台邀请驻区企事业单位、各类社区社会组织和居民参与社区治理,推动多元主体协同共治。不仅如此,社区还建立共治基金,多渠道筹措社区发展经费,促使社区治理经费从行政集中分配走向多元供给。

社区委员会不仅是社区共治平台,还是推动社区自治的枢纽。在上海市民政局发布的《大型居住社区社会管理模式调研报告》[③]中,社区委员会还具备"组织动员社区成员参与社区事务自治,扩大民众政治参与,推进基层

[①]　彭勃.从行政逻辑到治理逻辑:城市社会治理的"逆行政化"改革[J].社会科学,2015,27(5):18-26.

[②]　闵庆峰."镇管社区":浦东创新社会管理的探索[J].浦东开发,2011,20(10):41-43.

[③]　2014年,上海市委开展了"创新社会治理加强基层建设"的一号调研课题,这份报告是调研阶段市民政局提交的相关主题报告。

政治民主建设,广泛组织发动居民群众开展自助、互助活动,培育社区精神"
"指导、帮助居民委员会开展工作,提高居民区居民群众自治水平""培育和
引进各类社区社会组织"等推动社区自治的职能。宝山区顾村镇馨佳园大
型居住区建设"心连心"文明茶室和百姓自我服务家园等自治载体,促进社
区自治发展。在"心连心"茶室里,人大代表和党代表定期来听取居民意见,
社区民警、交警、消防队员定期为居民开办讲座或示范演练,华山北院、菊泉
卫生院、国大药房等定期组织医务人员为居民开展各类义诊、养生讲座等。
在百姓自我服务家园里,志愿者组建起菊泉百姓书画社、诗社、花友会等自
治组织,开办爱心编织、爱国剪纸、环保制作、一家亲烘焙班等多种兴趣
课程①。

　　那么,"镇管社区"是否真的实现了逆行政化的目标,从行政逻辑走向治
理逻辑了呢?可以通过以下几个维度来考察。

　　首先,权力配置。社区事务的决策权归属社区委员会,而社区代表大会
作为社区共治的核心或者仅拥有"民主审议、民主评议和民主商议"等有限
权力,或者被定位为评价和监督机构,没有决策权。因此,在"镇管社区"的
实践中,虽然有多元主体参与,但是权力主体只有一个,即社区委员会。而
社区委员会的权力来自行政系统自上而下的授权。

　　其次,组织关系。多数镇管社区是"镇—社区—居委"的三级管理架构,
但在实际运行中,却演化出更多的组织层级。第一层是镇政府和镇党委,是
"镇管社区"的总指挥。第二层社区又细化为三小层,第一小层是社区党工
委,第二小层是社区委员会,接受社区党工委的领导,第三小层是社区委员
会下设的各专业委员会,被社区委员会领导。第三层村居细化为两小层,第
一小层是居委会,第二小层是居委会建立的义工服务站、服务队等社区志愿
性组织。大部分社区志愿性组织都由社区培育,经费依赖社区支持,因此居
委会对这些社会组织有业务指导关系,控制着这些组织。由此可见,"镇管

---

①　朱俊杰.党建引领"五治"活力,顾村镇创新社区多元治理[N].解放日报,2020-08-04(7).

社区"的组织关系呈现出明显的科层制特征和行政逻辑,作为共治平台的社区委员会,虽然工作重点是社区事务管理和公共服务,但实际上很大一部分工作时间用于完成镇政府交办的各项行政事务。属地单位和社会组织不是以伙伴关系或合作关系参与治理,而是形成了有强烈行政逻辑色彩的上下级关系。

再次,治理资源。虽然"镇管社区"建立了共治基金,鼓励多渠道筹措社区发展资源,但在实践中社区捐赠只在部分社区存在而且份额很小,绝大多数的经费和资源还是要依赖政府提供。因此,"镇管社区"的治理资源仍然主要由政府配置,并没有实现治理资源的多元供给。

"镇管社区"试图从行政逻辑转化为治理逻辑,来应对有限的行政资源遭遇人口结构复杂、治理需求多样而出现的种种困境。但是,无论是制度设计还是制度实践,逆行政化创新延续的仍然是行政逻辑,而治理逻辑的适用空间非常狭小[①]。如中间治理层级名义上是推进共治与自治的枢纽型组织,实质上却是集权式组织。行政逻辑不仅存在于镇政府的派出机构,还延续到了参与社区治理的社会组织,造成行政化组织的进一步膨胀。也就是说,"镇管社区"并未真正意义上改变行政逻辑,相应的治理困境及其无法解决的问题仍存在。

---

① 彭勃.从行政逻辑到治理逻辑:城市社会治理的"逆行政化"改革[J].社会科学,2015,27(5):18-26.

第四章

征地拆迁中的互动机制

在快速城市化的过程中,征地拆迁已经成为特大城市城乡接合部镇政府的一项中心工作。因为土地收入是镇政府财政收入的重要来源,甚至是主要来源,它是镇政府可以掌控的预算外收入,其灵活性和自主性均来源于此。而且征地拆迁关系到上级政府城市规划建设项目是否能如期开展,它是上级政府年终考核镇政府的重要指标。同时,征地拆迁涉及村民的直接利益,由此产生的土地纠纷和拆迁纠纷等各种摩擦不断发生,因此,征地拆迁问题是特大城市城乡接合部治理社区治理的重要对象。

本章以 G 镇的征地拆迁为线索,深入分析 G 镇征地拆迁的制度安排、实践方式,以及在征地拆迁中政府与社会的互动过程。研究发现,镇政府的征地拆迁是镇政府在结构约束下与动迁村民围绕征地拆迁展开的协商、谈判过程,每一个行动者为了实现目标都会追求理性决策。作为科层制的权力末梢和乡土社会与国家的连接者,表面上的"非理性"策略往往隐含着镇政府深层的理性。镇政府在结构性限制中保留了自由余地,据此与动迁村民策略互动。

第一节　G镇的征地拆迁实践

G镇大规模征地是从2003年G镇工业园区拓展开始的。G镇工业园区于1994年成立,随着入驻园区的企业不断增多,园区规划不断调整,几经扩展。2003年G镇工业园区再次扩展,这次征地拆迁涉及3个村17个生产队、767户农户、6家企业,动迁面积17.68公顷。

根据《上海市征用集体所有土地拆迁房屋补偿安置若干规定》(沪府发〔2002〕13号)《关于发布本市征用集体所有土地居住房屋拆迁补助费标准的通知》(沪价商〔2002〕24号),2003年6月,G镇颁布《G镇人民政府关于征用集体所有土地拆迁房屋补偿安置实施细则》。该细则规定被拆迁人可以选择同等价值的产权房调换或者货币补偿。货币补偿金额按照以下公式计算:评估总价+(土地使用权基价+价格补贴)×认定的居住房屋建筑面积。G镇工业园区拆迁时,土地使用权基价为1 088元/平方米,价格补贴为350元/平方米,评估单价+杂项单价为557.58元/平方米(见表4-1),假设被拆迁人认定的居住房屋建筑面积为100平方米,则可以获得的货币补偿金额为557.58×100+(1 088+350)×100=199 558元。

表4-1　2003年G镇征用集体所有土地居住房屋拆迁补助标准

序号	基地名称	土地使用权基价(元/平方米)	价格补贴(元/平方米)	评估单价+杂项单价(元/平方米)	安置房基准价(元/平方米)	安置房优惠价(元/平方米)	安置房市场价(元/平方米)	安置房面积(平方米)	可用来调换房屋的其他费用(元/平方米)	月过渡费(元/平方米)
1	G镇工业园区	1 088	350	557.58	2 400	2 800	3 500	152 195.5	189.2	17

（续表）

序号	基地名称	土地使用权基价（元/平方米）	价格补贴（元/平方米）	评估单价＋杂项单价（元/平方米）	安置房基准价（元/平方米）	安置房优惠价（元/平方米）	安置房市场价（元/平方米）	安置房面积（平方米）	可用来调换房屋的其他费用（元/平方米）	月过渡费（元/平方米）
2	四高小区一期一批	1 088	350		2 400	2 800	3 500	59 455.2	223.7	21
3	四高小区一期二批	1 799	350	637.52	3 250	3 650	4 300	55 603.6	583.5	—
4	四高二期一批及双控房	1 799	350		3 250	3 650	4 300	114 870.6	315.9	—
5	GC公园一期一批	1 799	350	—	3 250	3 650	4 300	86 761.7	985.2	6

数据来源：根据 G 镇征地拆迁办公室内部数据整理，部分数据有缺失。

如果被拆迁人选择同等价值的产权房调换，则以房屋建筑面积为基础在应安置面积内调换异地产权。被拆迁人在原居住房补偿总金额内购置动迁商品房，按照安置房基准价计算。如果被拆迁人在原居住房补偿总金额外购置动迁商品房，但购置面积未超出原认定的居住房屋建筑面积，增加部分按照安置房优惠价计算。如果被拆迁人购置的动迁商品房，总建筑面积超出原认定的居住房屋建筑面积，则超出部分按照安置房市场价计算。G 镇工业园区拆迁的安置房基准价为 2 400 元/平方米、安置房优惠价为 2 800 元/平方米、安置房市场价为 3 500 元/平方米。假设被拆迁人认定的居住房屋建筑面积为 100 平方米，则获得 199 558 元的货币补偿，按照 2 400 元/平方米的安置房基准价，可以调换的房产为 83.15 平方米（见表 4-1）。如果动迁安置房为 100 平方米，则超出补偿总金额外调换面积的 16.85 平方米，需按照安置房优惠价为 2 800 元/平方米计算,也就是说被拆迁人还要支付 47 180元。

除此之外,被拆迁人还可以获得居住房屋拆迁补助,包括搬家补助费、临时安置补助费(过渡费)和家用设施移装费。G 镇工业园区征地拆迁的搬家补助标准按照 10 元/平方米(建筑面积)计算,低于 500 元的拆迁户按 500 元发放。临时安置补助费为每平方米建筑面积每月 17 元,拆迁户低于 600 元的,按 600 元计算。被拆迁人选择货币安置的过渡期为三个月。家用设施移装费为空调拆装费每台 400 元,热水器拆装费每台 300 元。

2003 年,上海市政府开始建设首批中低价示范居住区,G 镇是三个基地之一(另外两个是嘉定区的江桥镇和南汇区的周浦镇)。中低价示范居住区简称“四高”小区(高起点规划、高水平设计、高质量施工、高标准管理)。“四高”小区分两批开发建设。第一批占地面积 108.2 公顷,规划住宅建筑面积 102.68 万平方米,公建配套面积 10.27 万平方米,总住宅户数约为 1.33 万户,总居住人口 4 万人左右。一批一期于 2003 年 10 月启动,开发面积 56.7 公顷,涉及 2 个村 8 个村民小组的 202 户村民,共 963 名村民以及 13 家企业。一批二期老镇改造工程于 2005 年 8 月启动,涉及 1 个村 6 个生产队的 287 户村民、镇区 57 户居民和 10 家企事业单位,占地面积 50 公顷。“四高”小区第二批一期工程于 2005 年 5 月启动,占地面积 5.9 公顷,涉及 2 个村 9 个生产队的 462 户村民,共 1 578 人。二批二期工程涉及 2 个村 6 个生产队 390 户农户,9 家企业,征地拆迁面积 12.9 公顷。四高小区涉及的拆迁评估单价＋杂项单价由 557.58 元/平方米上调为 637.52 元/平方米,临时安置补助费从每平方米建筑面积每月 17 元上调为 21 元,土地使用权基价、价格补贴、安置房的基准价、优惠价、市场价和其他居住房屋拆迁补助没有变化(见表 4 - 1)。

2003 年以后,随着城镇化和工业化进程加速,G 镇征地数量日益增加,每年都有拆迁项目在推进。2003—2005 年期间,由于商品房和安置房社区建设、轨道交通和道路拓宽等市政工程建设,G 镇先后有 11 个村 1 915 户村民、172家企业的土地被征收(不包括"四高"小区的数据)(见表4-2)。

表 4-2　G 镇 2003—2014 年拆迁基地情况表

序号	基地名称	被拆迁单位		动迁村民(户)	动迁企业(家)	动迁面积(平方米)	启动时间
		村	生产队(个)				
1	G 镇工业园区	CB	9	767	6	176 763.9	2003 2004
		TY	7				
		YMQ	1				
2	G 镇中心村	SZ	—	36	15	—	2003
3	四高小区一批一期	YX	4	202	13	567 000	2004
		TL	1				
4	四高小区一批二期	ZY	—	57	10	500 000	2005
5	四高小区二批一期	ZY	7	176	2	59 152.6	2005
		YX	2				
6	四高小区二批二期	YX	5	390	9	129 920.1	2005
		TL	1				
7	双控房基地	ZY	—	258	22	—	2005
8	HRZ 大家园安置房基地	ZY	1	—	—	—	2004
9	XGC 大家园安置房基地	SZ	6	110	3	—	2004,2009 2010
		YMQ	2				2004
10	QJ 推地	QJ	4	265	32	—	2004
		GC	2				
11	QJ 依云湾别墅	QJ	2	—	—	—	2004
12	金色加州等小区建设基地	SZ	1	—	—	—	2005

（续表）

序号	基地名称	被拆迁单位		动迁村民(户)	动迁企业(家)	动迁面积(平方米)	启动时间
		村	生产队(个)				
13	SZ 房产（自然居）	SZ	2	27	—	—	2005
14	G 镇老镇改造	GC	2	68	0	—	2005
15	1.6 平方公里一期	YX	4	356	56	108 324.4	2006
		LA	6				
		GW	3				
16	1.6 平方公里二期	YX	4	288	—	59 413.9	2009
		LA	3				
		L 镇	3				
17	步道建设	TL	1	9	—	2 948.2	2006
18	HT 路拓宽	YX	2	19	38	—	2006
		LA	5				
19	M7 号线	GW	1	29	0	4 223	2006
			2				2010
20	500 亩推地	WZ	1	—	—	—	2007
		TL	1				
21	西干线	HZ	1	—	—	—	2009
22	QJT 安置基地	SZ	—	70	0	21 000	2009
23	LX 路延伸段	GW	1	3	0	—	2010
24	PJ 路拓宽带迁	TY	5	52	0	—	2010
25	BA 公路拓宽	交管站	1	36	98	—	2010
		YMQ	1				
26	G 镇小辣椒地块建设项目	—	—	0	1	—	2010

（续表）

序号	基地名称	被拆迁单位		动迁村民(户)	动迁企业(家)	动迁面积(平方米)	启动时间
		村	生产队(个)				
27	G镇公园一期一批	ZJN	3	261	18	1 266 800	2007
		TL	3				
28	G镇公园一期二批	TL	7	421	46	572 200	2008
29	G镇公园捆绑安置基地	QJ	3	234	11	68 180	2010
		TY	3				
330	G镇公园二期	WZ	9	511	18	2 456 000	2011
31	生态专项整治	HZ	4	240	—	—	2010 2011
32	KN路拓宽	HZ	2	70	—	—	2011
33	S6新建公路(陈行段)	CJH	—	198	24	—	2011
34	电台路东侧动迁安置房	QJ	—	—	—	91 498.4	2013
		TY	—				
35	G镇配套商品房3号地块	TY	—	—	—	66 084.3	2014
36	TH水厂扩建工程	HZ	—	—	—	104 511.8	2014
		SZ	—				
37	TH水厂扩建工程—须家宅河道新建工程	SZ	—	—	—	12 183.4	2014
38	XX村老年活动室	XX	—	—	—	2 666.7	2014
39	FC路西侧01—01地块幼儿园	HZ	—	—	—	1 962.8	2014
40	FC路西侧社区公共休闲绿地	HZ	—	—	—	114 604.5	2014

（续表）

序号	基地名称	被拆迁单位		动迁村民（户）	动迁企业（家）	动迁面积（平方米）	启动时间
		村	生产队（个）				
41	TH 水厂生态防护绿地	HZ,SZ	—	—	—	73 050.2	2014

数据来源：根据 G 镇征地拆迁办公室内部数据整理，部分数据有缺失。[①]

表 4-3　G 镇公园一期拆迁土地面积、农业人口情况表

村名	生产队（个）	土地面积（亩）			总人口（人）	农业户籍人口（人）				
						吸劳		养老		学生
		耕地	非耕地	合计		男 16～55 岁	女 16～50 岁	男＞55 岁	女＞50 岁	男女＜16 岁
TL	10	1 046.62	644.1	1 690.72	1 830	373	309	129	204	180
ZJN	3	356.54	133.78	490.32	503	103	59	29	38	47

数据来源：根据 G 镇征地拆迁办公室内部数据整理。

2007 年，G 镇启动森林公园建设，规划总用地面积约 434.5 公顷。该公园不仅是大型城市生态郊野森林公园，也是上海环城生态规划系统的重要组成部分及 B 区生态专项工程的主体工程。该公园以中心河为界分为两期，一期用地 183.9 公顷，二期用地约 245.6 公顷。该公园一期工程分两批进行，2007 年 8 月实施一期一批动迁，涉及 2 个村 6 个生产队、261 户农户、18 家企业，征地拆迁面积 126.68 公顷。2008 年 5 月启动一期二批动迁，涉及 1 个村 7 个生产队的 421 户农户和 46 家企业，土地面积 57.22 公顷。该

---

① 笔者在查阅 G 镇征地拆迁办公室内部数据的时候发现，同一项目的数据在不同的统计表格里竟然有出入，尤其是对于拆迁农户数量、拆迁面积的统计。可能的解释是由于拆迁项目推进难度较大，并不一定能够按照计划完成，遇到"钉子户"，需要反复沟通、协商，拆迁农户数量和拆迁面积处于动态变化，所以在不同时点的统计表格中会有差异。

公园一期拆迁安置的农业户籍人口总数为 1 471 人,其中征地吸劳(男性16～55 岁,女性 16～50 岁)安置了 778 人,征地养老(男性 55 以上,女性 50 岁以上)安置了 400 人(见表 4-3)。2011 年启动公园二期拆迁,涉及 1 个村 9 个生产队的 511 户农户和 18 家企业,征地拆迁面积 245.6 公顷。2010 年,该公园捆绑安置基地启动,涉及 2 个村 6 个生产队的 234 户村民和 11 家企业,占地 68 180 平方米。从 2007 年到 2010 年,公园建设拆迁共涉及 7 个村 39 个生产队,撤销了两个村委会和 26 个生产队的建制。

2007—2014 年,由于拆迁安置基地建设、道路拓宽及新建、生态建设等项目等,G 镇有 13 个村的土地被征收。2018—2020 年,G 镇共有 6 个村 164.94 公顷的土地被征收(见表 4-4)。与无数大城市郊区的城镇一样,毗邻工业文明和城市文明,凭借着自身的区位优势,投身于这场轰轰烈烈的"造城运动"。在这场"运动"中,几百公顷的农地被征用①,YX 村、WZ 村、CB 村等村民委员会被撤销建制,YMQ 村和 CJH 村的部分村民小组被撤销建制,没被撤销建制的也不再完整,还有更多的农民离开熟悉的村落、邻里、生活方式,成为"城市人"。G 镇的征地运动改变的不仅仅是土地用途、小镇风貌,更重要的是它在深刻地改变着小镇的社会基础,而这也终将影响着镇政府和基层社会的互动机制。

表 4-4 G 镇 2018—2020 年征地拆迁情况表

序号	被拆迁单位		动迁面积 (平方米)	征地用途	启动时间
	村	生产队(个)			
1	XX	3	20 095.7	社区医疗卫生用地	2018.9
2	GF	5	231 984.3	—	2018.9
3	GF	3	121 013.5	—	2018.9

① 笔者从 G 镇征地拆迁办公室、上海市规划和自然资源局和上海市 B 区人民政府网站获得的数据并不完整,也没有人统计迄今为止 G 镇到底有多少农地被征收,根据表 4-2 和表 4-4 中现有的数据,2003 年至今,G 镇至少有 810 公顷农地被征用。

（续表）

序号	被拆迁单位		动迁面积	征地用途	启动时间
	村	生产队（个）	（平方米）		
4	GW	3	19 821.2	—	2018.10
	SZ	1		—	
5	SZ	2	361 538.4	—	2018.10
6	SZ	2	348 407.2	—	2018.10
7	农民集体土地	—	8 074	—	2018.10
8	农民集体土地	—	22 717.4	—	2018.10
	XX	1		—	
9	SZ	1	495 031.5	—	2018.10
10	SY	—	—	市政公用设施用地	2018.11
11	GF	1	12 393.7	道路广场用地	2019.8
12	GC	1	8 330.2	基础教育设施用地	2020.3

数据来源：根据上海市规划和自然资源局和上海市 B 区人民政府网站上发布的征收土地方案公告、征地补偿安置方案公告、征地房屋补偿方案公告整理，部分数据缺失。

第二节 镇政府的结构约束和行为选择

一、镇政府的结构约束

镇政府只是征地拆迁的实施主体，市政府和区政府才是委托方和管理方。市政府是征地拆迁的委托方，具体由市规划和土地资源管理局负责。该局负责制定土地利用总体规划，在此基础上，制定年度土地利用计划，规定新增建设用地计划、减量计划和补充耕地计划。市规划和土地资源管理局还负责制定集体土地征地拆迁的相关管理办法，规范征地拆迁流程、征地拆迁补偿、被征地人员的就业、社会保障和补偿争议处理。除此以外，市政府还要确定土地基准价、审批拆迁手续、委托下级土地管理部门组织拆迁、办理房屋拆迁验收合格、协调解决拆迁争议等。

区政府是征收土地和房屋拆迁的管理方,具体由区规划和土地管理局(简称规土局)负责。区规土局根据区土地利用总体规划,向市政府提交建设项目征地请示、呈报说明书,市政府批准、下达征地批文后就可以开始征地拆迁工作。在征地拆迁实施之前,区政府要拟定征地方案,发布拟征地告知书,公布拟征地的范围、位置、用途和补偿标准,通知拆迁范围内的单位和个人不得进行房屋及其附属物的新建、改建和扩建,并开始进行拟征土地、地上附着物、房屋及宅基地的权属、种类、面积等情况调查。调查结束后,区政府发布征收土地方案公告,公布被征地单位、征地面积和征地期限。同时,发布征地补偿方案公告和征地房屋补偿方案,向动迁村民公布土地补偿、青苗补偿、地上附着物补偿和房屋补偿的具体安置方案。

镇政府能否按照计划完成征地拆迁任务,直接影响到区级甚至市级的城镇建设规划项目能否顺利开展。而且,征地拆迁补偿引发的动迁村民与镇政府之间的矛盾也隐藏着爆发群体性事件、危害社会秩序的风险。如果镇政府不能按期完成任务,或者发生了由征地拆迁引发的群体性事件,区政府就会陷入困境。为了应付这种局面,对于区政府来说,最好的办法就是通过各种方式对镇政府的征地拆迁行动严加控制。区政府采取了哪些策略呢?

第一,统一管理。区委、区政府专门设立了领导小组,对动迁工作统一部署、统一实施、统一管理。领导小组由B区副区长担任组长,住房保障房屋管理局局长任常务副组长,区住房保障房屋管理局副局长任副组长,组员由区委组织部副部长、区法院副院长、区公安分局副局长、区司法局副局长、区监察局副局长、区建设交通委副主任、区规划土地局党委书记、区城管大队副大队长、区法制办副主任、区信访办副主任组成。领导小组定期召开联席会议,小组成员研究探讨、相互协商。领导小组全程监督和管理镇政府的征地拆迁行动,协调、化解征地拆迁过程中的重大问题和矛盾,制止、查处镇政府征地拆迁的违规行为。

第二,日常监督。区政府定期召开镇级建设工作会议,推进镇政府的征地拆迁工作,主要督查重点征地拆迁项目的进展状况、存在问题及改进措施。另外,区政府还要求镇政府定期汇报征地拆迁项目的进展情况,如重点工作汇报、半年度工作汇报、年度工作总结等。通过这种方式,区政府可以及时掌握镇政府征地拆迁工作的相关信息。当然,区政府获取的信息是凭借镇政府反映的情况,而这些信息是经过镇政府筛选和重构的。因此,为了防止镇政府谎报、瞒报信息,区政府建立了举报、投诉工作制度,动用科层制组织以外的力量对镇政府的征地拆迁项目实施监督。监督的范围包括镇政府是否依法依规在动迁基地进行公示,是否依法、文明实施基地动迁,基地工作人员是否遵守《自律守则》[1],是否依法依规处理特殊、突发的动迁矛盾。区监委设立了举报、投诉箱和监督电话,由专人负责登记、了解、核查和回复。

第三,年终考核。区政府采用目标责任制的方式,将征地拆迁任务分解为量化指标,如征地面积、拆迁户数(单位)等。根据这些指标,区政府跟镇政府签订目标责任书,规定镇政府的任务职责和完成期限,并以此作为镇政府年底的考核依据。除了这些比较明确直观的任务以外,在"稳定压倒一切"的政治前提下,区政府还要考核征地拆迁纠纷引发的村民信访、上访事件情况。在压力型体制和锦标赛体制下,考核的情况不仅直接关系到镇政府的年度工作绩效,也关系到镇主要官员的职业前途。

---

[1] 《房屋拆迁工作人员守则》:1.热爱城市建设事业、专业本职,全心全意为人民群众服务;2.遵守国家政策规定、钻研业务,认真负责按程序依法拆迁;3.举止文明作风正派、廉洁奉公,不授受索取被拆迁人钱物;4.办事迅捷方便群众、讲究效率,不扯皮推诿与难被拆迁人;5.遵守承诺说一不二、诚实守信,不对被拆迁人说谎和欺骗;6.耐心细致态度和蔼、宣传解释,不对被拆迁人蛮横和无理;7.搞好团结维护稳定、严守纪律,为被拆迁人负责保守秘密;8.持证上岗接受监督、公开办事,接待和走访做到二人以上。《B区动迁工作人员自律守则》:要依法办事,不准违规操作;要诚实守信,不准说谎欺骗;要廉洁自律,不准收受钱物;要爱岗敬业,不准擅自离岗;要严守纪律,不准上班喝酒;要礼貌接待,不准打架吵骂;要举止文明,不准衣着不整。

G镇消减存量基地工作情况月报

（盖章）　　　　　　　　　　填表日期：2012 年 7 月 18 日

	序号	基地名称	房屋拆迁许可证号/协议拆迁	原居民户数	原剩余户数	本月签约数	本月剩余户数	备注
基地进展情况	1	盛宅居住区 F 块住宅项目	宝拆许字（2003）第 20 号	27	1	1	0	
	2	中低价"四高"示范居住区 G 镇基地（二期）	宝拆许字（2005）第 9 号	390	5	1	4	
	3	B 区生态专项建设工程（第 10 块）项目	宝拆许字（2007）第 27 号	62	4	1	1	
	4	B 区生态专项建设工程（第 11 块）项目	宝拆许字（2007）第 28 号	178	26	2	3	
	5	潘泾路三期（G 镇段）	沪宝房管拆许字（2010）第 1 号	35	1	1	0	
	6	G 镇公园捆绑地块安置基地配套商品房建设项目	沪宝房管拆许字（2010）第 4 号	20	1	—	1	
	7	G 镇东至潘泾路、南至宝安公路、西至规划道路范围土地征收储备及前期开发建设项目	沪宝房管拆许字（2010）第 7 号	10	1	—	1	
	8	G 镇新顾村大家园 D 区配套商品房建设项目	沪宝房管拆许字（2010）第 12 号	14	2	1	1	
	9	G 镇小辣椒地块建设项目	沪宝房管拆许字（2010）第 16 号	0	0	—	—	3 家企业
	10	康宁路拓宽改造	协议拆迁	70	1		1	
	11	G 镇公园二期（4 号、5 号、6 号地块）（王家宅）	协议拆迁	73	22	2	3	
	12	S6 陈行段	协议拆迁	198	15	2	4	

（续表）

主要 工作 举措	(1)领导高度重视,3月份连续开了3个动迁推进会,制定动迁进度时间节点,奋力推进。 (2)在外围寻找突破口,动迁户的亲朋好友,领导搭关系找突破口。 (3)进行申报裁决,通过拆迁风险评估等方式,在推进拆迁的同时确保社会稳定。
困难 和 建议	存在困难: (1)拆迁对象对补偿要求太高,无法商谈。 (2)补偿标准差异大,国有土地和集体土地的房屋拆迁补偿差异大。 工作建议: 加大报裁力度,以裁促签。
备注	

　　第四,控制资金。区政府还通过限制镇政府的征地拆迁工作经费,约束镇政府的行为。镇政府在征地拆迁过程中与建设主体协商,收取与征地拆迁相关的工作经费。这些工作经费主要用于镇政府协调征地拆迁工作的经费支出、征地拆迁工作的日常办公经费、征地拆迁相关工作人员的误餐(夜餐)津贴、临时人员工资、加班补贴,以及一线工作人员在规定时间内完成征地拆迁任务的奖励等。区政府对个人奖励费、加班费及各类津(补)贴费和招待费都实行总额控制,并按实列支。

　　第五,政策更新。动迁村民的策略行动迫使镇政府不断提高征地拆迁补偿标准,造成不同项目、甚至同一项目不同签约时间的补偿标准差异较大,既有的政策均衡被打破。为了限制镇政府的自由决策的范围,减少镇政府征地拆迁行动的"法外实施",上级政府不得不采取政策更新的方式建立新的政策均衡。2004年B区政府出台68号文件①,调整了辖区内的同区域新建多层商品住宅每平方米建筑面积的土地使用权基价,其中G镇土地使

---

① 《关于同意公布B区2004年度房屋拆迁同区域新建多层商品住宅每平方米建筑面积的土地使用权基价等事项的批复》(B府〔2004〕68号)。

用权基价从 1 088 元调整至 1 799 元。2006 年上海市房屋土地资源管理局发布的 357 号文件中增加了补偿安置房屋面积认定的补充条款①,而这类动迁村民在 2002 年的 13 号文②中并未涉及,《通知》中明确规定了这类动迁村民的补偿安置办法,减少了镇政府处理这类情况的行动空间。

二、镇政府与动迁村民的策略互动

G 镇党委书记提到,动迁村民把征地拆迁看成"千年等一回"的机会。的确,对于大多数动迁村民来说,一生几乎只有一次获取如此重大利益的机会。土地是老祖宗留下来的,几代人的利益都在土地上,他们与政府的谈判是"一锤子买卖",因此他们通过各种方式与政府讨价还价,争取获得最大利益。

(一) 动迁村民的策略:讨价还价与争取更大利益

1. 动迁村民的讨价还价

从表面上看,动迁村民是没有权力资源的弱势群体,但实际上,他们长期与镇政府打交道,了解镇政府对农民担负的种种责任,熟悉镇干部的处事规则,他们在对自己的选择及其可能引起的反应进行计算之后与镇政府讨价还价,争取最大的征地拆迁补偿利益。

第一,"违规"。

所谓"违规",并不是说动迁村民真的违反了法律规定,而是指他们的行为虽然名义上合乎法律程序,但实际上却是以绕过法律规定的方式获取更多征地拆迁补偿利益。动迁村民采取的"违规"方式,包括增加违章房屋或

---

① 《关于本市征收集体土地拆迁房屋补偿安置中的有关问题的通知》(沪房地资拆〔2006〕357 号)第二条第三款规定:"征地公告公布前,符合本市农村个人住房建设申请条件的村民家庭,因建设规划控制、经济困难等原因未新建、扩建住房的,现住房建筑面积以拆迁许可证核发之日符合农村建房申请条件的人数计算,低于现行农村个人住房可建面积标准的部分,可给予'土地使用权基价'和'价格补贴'的补偿,但他又经批准建造的农村住宅、已享受过福利分房或已享受过房屋拆迁补偿安置的人数除外。每户可建筑面积与原建筑面积总和,不得高于当地现行农村个人住房建设标准,且不作分户计算。"
② 《上海市征用集体所有土地拆迁房屋补偿安置若干规定》(沪府发〔2002〕13 号,简称 13 号文)。

附房的面积、找关系、临时突击装修、迁入户口、假离婚等。

增加违章房屋或附房的面积。尽管 G 镇规定超过批准期限的临时建筑、违章建筑、擅自新建、扩建、改建的房屋及附属物不给予补偿，但是 G 镇从 2003 年起开始大规模征地，每年都有土地被征收，村民有了征地拆迁的预期。因此，早在自己的住房征地拆迁之前，就开始临时搭建房屋或增加附房面积，期待获得更多的补偿。而且大量新增的拆迁村民和外来人口推高了房屋出租价格，就算近期没有进入征地拆迁范围，通过出租也可以获取一部分收益，这样进一步激励了村民增加附房和违章搭建的行为。

找关系。房屋估价是决定动迁村民获得房屋拆迁补偿款数量的关键，动迁村民会动用各种关系找到能影响房屋评估价格的人，比如镇政府的主要领导、负责拆迁的工作人员、估价机构的人等等。亲自去拜访，或者有的与区里的领导干部有交往关系，试图让区里的领导打个招呼。虽然拉关系并不都能提高拆迁补偿价格，但是在镇政府的自行决定权的范围内，拉关系被动迁村民认为能多获得一些补偿的机会。

临时突击装修。虽然在 G 镇拆迁房屋补偿安置规定中没有对房屋的装修补偿价格进行明确说明，但在实际操作中，会根据动迁村民的房屋装修情况适当给予补偿。动迁村民为了以最少的成本获得最多的补偿，在拆迁前购买二手装修材料突击装修。

迁入户口、假离婚。动迁户的人数是征地拆迁补偿安置中考虑的重要因素。如上海市房屋土地资源管理局发布的 357 号文件[①]第二条第三款规定，村民家庭如果在征地公告公布之前就已经符合申请建设个人住房的条件，但是因为经济困难或建设规划控制等原因没有新建或扩建住房的，可以按照拆迁许可证核发日期之后符合条件的人数来计算住房建筑面积。现在可以申请的农村个人住房建筑面积低的部分，政府按照土地使用权基价和价格补贴进行补偿。但是，在其他地方经过批准建造农村住宅的人、已经享

———————————

① 《关于本市征收集体土地拆迁房屋补偿安置中的有关问题的通知》（沪房地资拆〔2006〕357 号）。

受福利分房的人或者已经接受房屋拆迁补偿安置的人不计算在内。动迁户人数还会影响动迁安置房的户型选择。因此,动迁户总是千方百计地增加人口。有的村民户口已经从村庄迁出去了,拆迁之前又把户口迁回村庄,甚至有的村民还将一家人的户口全部迁回。还有的家庭为了获得更多补偿,不惜用假离婚的办法分户。

第二,"拖"。

"拖"是动迁村民采取的另一种有效策略。时间压力是谈判中的重要影响因素,谁在谈判中拥有更多耐心,谁就会在谈判中占据优势。谁缺乏耐心或不能承受拖延,谁就不得不在谈判中做出更多让步[1]。征地拆迁的进度关系到区政府或市政府的城镇规划建设项目是否能如期进行,而且政府内部运作有时间期限,如财政预算的周期、检查的期限等。如果镇政府没有在时间期限内完成拆迁、摆平问题,不仅不能完成年终考核指标,主要领导的职业晋升也会受到影响。因此,对镇政府来说,时间拖延的成本很高。

动迁村民清楚地知道镇政府的这个"弱点"。在他们看来,政府要他们的土地,是政府有求于他们,着急的是需要土地的政府而不是自己,他们犯不着着急,而且拖的时间越久,对自己越有利,越晚签,获得的补偿就越高。相对于工业社会时间的稀缺性来说,乡土社会最充足的资源就是时间。

动迁办的 L 主任表示,十年前动迁工作很好做,政策解释完,村民就来排队签约。现在政策解释完,没人主动签约,虽然每天都有几户来咨询,但都是在观望。基本上每家都要上门做工作才会签约,多的要跑几十趟。动迁村民的"拖"是长期与镇政府打交道积累的经验。为了尽快完成征地拆迁任务,镇政府对拖到最后的动迁户,往往会在一定程度上"开口子",给予更高的补偿,这也激励了动迁村民的"拖",形成了拖—补偿提高—拖的恶性循环。另外,对于村民来说,"拖"也是一种维权成本最小的策略选择。而只要

---

① 周雪光,练宏.政府内部上下级部门间谈判的一个分析模型——以环境政策实施为例[J].中国社会科学,2011,32(5):80-96.

掌握好拖延的节奏，不演变成"钉子户"，动迁村民承担的风险就很小。

第三，比较。

动迁村民对于合理补偿的理解不仅包括自家的居住房屋、非居住房屋和其他地上构筑物是否得到了补偿，还包括与其他村民相比较，自己是否获得了更多的补偿。这种比较既有纵向的，也有横向的。G镇从2003年开始征地，补偿价格不断变化。村民通过亲戚朋友了解到各个拆迁项目的补偿价格，近些年实际征地拆迁补偿价格的变化趋势，以及获取更高补偿价格的策略行动。一般来说，动迁村民都以某一拆迁项目中某个获得最高补偿的动迁村民为标准，期望自己也可以获得同等标准的补偿。在谈判过程中，如果评估的补偿金额达不到村民的价格期望，村民就会认为镇政府在有意压低房屋的补偿价格，使谈判陷入僵局。为了按期完成征地任务，镇政府会在一定的政策范围内妥协，这样之前征地拆迁的最高补偿标准就成为此次征地拆迁的普遍标准。由此，实际的征地拆迁补偿价格就不断被抬高，村民的补偿价格预期也不断上升，政府的征地拆迁工作也越来越难推进。

动迁村民不仅纵向比较补偿价格，还会与同批征地拆迁的村民进行横向比较。在比较的过程中，G镇集体土地房屋审批的一些历史遗留问题暴露出来，引发了更大的拆迁矛盾。当初在集体土地房屋建造面积的审批过程中存在不公平的现象。有些村民建房超出建房批文的面积限制，或者没有批文搭建违章建筑。动迁之前，村民并不知道哪一户的房屋是按照批文建造的，哪一户是超出建房批文的面积限制的，房屋建造面积审批的问题被掩盖起来。动迁开始后，动迁办按照村民的房地产权证或建房批文计算补偿面积，村民间房屋合法建筑面积的差异造成了拆迁补偿费的巨大差别，利益相对受损的村民心理很难平衡。还有的村民申请建房的时候人口多，获批的建房面积较多。后来家庭成员陆续迁出，动迁的时候人口变少。但是由于房屋面积较大，获取的房屋拆迁补偿较多，这引起人口相当的动迁户心理不平衡。还有的村民造房子的时候条件较差，房屋的面积较小，质量较差，评估总价较低，获取的房屋拆迁补偿较少，心态也不平衡。

第四,塑造"弱者"身份。

动迁村民在征地拆迁过程中,往往塑造一种"弱者"的形象,表现出土地被征收吃了亏,让政府给予更多补偿。在一般的认识中,常常认为弱者的权益受到侵害,应该受到社会与政府的关注和保护。但事实上,弱者有自身的力量。

动迁村民频繁地跑镇政府、劳动部门以及村委会,不断地表达自己的困难,承认自己缺乏找工作的技能,希望政府帮助他们找到工作。他们担心征地之后政府不再把他们的就业放在心上,通过不断强调自己的弱者身份,强化政府帮助安置工作的道义责任。动迁村民以弱者身份,借助弱者自身带有的道德力量,强调自己的自我实现和发展受到影响,这样的展示容易赢得舆论的支持和政策的庇护。动迁村民不仅试图争取各级领导的同情,还要唤起嵌入乡土社会中的社区情感。G镇大部分部门领导是本地人,村干部更是生活在一个村庄,乡土社会中守望相助的地方性规范也同样影响着这些地方精英。当动迁村民强调自己的"弱者"身份时,这些地方精英也会想办法帮助他们解决问题。比如镇政府通过行政干预,对许多政府开发岗位或半公益性岗位进行严格的准入限制,并且要求镇办企业优先录用本地动迁村民,防止外地农民工过多入职本地低端就业岗位。可见,弱者将自身身份充分展示,既可以表达自身的利益诉求,又可以借"弱者"之壳保护自己。

2. "钉子户"

镇政府在征地拆迁的过程中,总会碰到一些要求获得比补偿标准更高的补偿,无论工作人员怎么反复地"磨",仍然有像钉子一样岿然不动的"钉子户"。传统乡村社会中也有与"钉子户"类似的群体。他们熟谙官场的运作逻辑和乡土社会的生活智慧,为了维护自身利益与官员周旋,并且不断给官员制造麻烦①。他们无论是面对普通村民,还是面对公共权力,都是咄咄逼人,有时为了私利,甚至不惜侵犯他人利益或公共利益。在征地拆迁的过

---

① 吕德文.治理"钉子户"[D].武汉:华中科技大学,2009.

程中,这些"钉子户"也不会顾及他人的利益,只为可以获得比其他动迁村民更多的征地补偿。

G镇动迁办的工作人员表示,现在房价太高,利益太大,村民肯定会想办法争取。他们可能工作一辈子都不如多争取一套房子。村民认为土地是老祖宗留给他们的,政府如果要拿去,理应补偿到位。因此,巨大的征地拆迁补偿利益"激励"着"钉子户"与动迁办斗智斗勇。"钉子户"拒绝配合拆迁工作,并不是真的不想拆迁,而是想以拖延的方式迫使动迁办让步,满足他们提出的各种要求。这些要求包括更多地计算拆迁房屋的占地面积,尤其是将"违章"建筑的占地面积计算在内等。动迁办的L主任说起过一家"钉子户",这户人家有一对老夫妻和兄弟两人,哥哥是S区的公务员,弟弟在G镇上班。他们对动迁补偿安置方案不满意,提出在原有的动迁安置房面积基础上再增加100平方米,但这已经远远超出了G镇的征地补偿标准,也超过了镇政府可以自行决定的空间。这家做主的是做公务员的哥哥,每次都是他出面和村干部、动迁办的工作人员谈判,但他始终不肯让步,双方僵持不下,甚至还和上门协商的工作人员发生肢体冲突。

"钉子户"是哪些群体呢?贺雪峰认为,"钉子户"一般都是家里人丁兴旺、家族势力大,有的甚至有亲友有社会复杂背景的人[①]。袁松在对吴镇的调查中却得出相反的结论,他发现"钉子户"大多是处于普通阶层和贫困阶层的村民。他们想获取更多的征地拆迁利益,但是又不愿意或者是没有能力通过做"钉子户"以外的手段来使村干部让步。因为他们的要求如果在征地拆迁的规则之外,村干部要动用自己的关系网络来突破规则,还要承担风险。而村干部是不会为了普通阶层或贫困阶层的村民冒这样的风险。所以,选择做"钉子户"的人,动机也很复杂。"他们要争取利益,但拒绝被寻租,而且固执地认为那份模糊地带的利益就是自己的,别人没有理由剥夺。他们所认的'理'非常细节化,追溯到十分具体的过往事件,以证明边边角角

---

① 贺雪峰.地权的逻辑 2:地权变革的真相与谬误[M].北京:东方出版社,2013:145.

的面积都是'合法'占地面积。即使大多数村民并不认同,他们仍认为别人应该按照他的思路来思考问题。"①村里的精英阶层不会做"钉子户",他们不会为了一毫一厘的得失而耗尽时间,他们更看重的是利益能否尽快兑现。

"'钉子户'实际上是国家政策在触及不均衡的乡土社会时部分农民的抵抗性的反应。"②"钉子户"已经不再是使用"弱者的武器"的隐性、温和的形象,而是一种公开性、冲突性的展示。"钉子户"运用着半合法的手段,扰乱征地拆迁的正常节奏,不断触及社会秩序的边界,与动迁办抗衡,并以此期待其让步,获取更大的征地拆迁补偿利益。尽管一些"钉子户"常常使用"踩线不越线"的手段,控制行动过程,降低对社会秩序的负面影响。但是,"钉子户"与动迁办围绕征地拆迁补偿利益的矛盾还是很有可能会演变成双方的激烈冲突。当前引发严重征地拆迁冲突的大都是由"钉子户"引起的。农村的一些群体性事件大部分是由征地引发。政府高层也已经承认土地问题是诱发农村群体性事件的主要因素。

(二) 镇政府的自由余地与策略选择

1. 自由余地:政策再生产与执行

詹姆斯·汤普森(James Thompson)认为,当组织环境既同质又稳定,而且工作内容和工作流程可以被标准化定义时,行动者拥有的自行决定权就比较小。相反,当组织处于异质性和变迁的任务环境中,应付偶然事件的需要会要求行动者行使自行决定③。征地拆迁正是一项处于变迁任务环境中的工作,动迁村民的情况千差万别,镇政府不能采取标准化的方式处理。镇政府细化了上级政府的征地拆迁政策,也再生产出了自行决定的空间。

《上海市征用集体所有土地拆迁房屋补偿安置若干规定》(沪府发〔2002〕13号)《关于〈上海市征用集体所有土地拆迁房屋补偿安置若干规定〉

---

① 袁松.富人治村——浙中吴镇的权力实践(1996—2011)[D].武汉:华中科技大学,2012.
② 吕德文.治理"钉子户"[D].武汉:华中科技大学,2009.
③ 詹姆斯·汤普森.行动中的组织——行政理论的社会科学基础[M].敬乂嘉,译.上海:上海人民出版社,2007:130.

若干应用问题的通知》(沪房地资法〔2002〕513号)《关于本市征收集体土地拆迁房屋补偿安置中的有关问题的通知》(沪房地资拆〔2006〕357号)中没有规定动拆村民选择与货币补偿金额同等价值的产权房屋调换,超出认定的居住房屋面积部分该如何处理。G镇出台了关于拆迁房屋补偿安置工作的补充规定,提出动迁村民在原居住房补偿总金额内购置的普通多层动迁商品房价格按照基准价计算;购置的安置房面积未超过原认定面积的,如果动迁村民要求增加安置房面积,增加部分的面积按照优惠价计算;购置的安置房总面积超出原认定的居住房建筑面积的,超出部分按照市场价计算。选择与货币赔偿金额同等价值产权房调换的,如果购置动迁安置房面积未超出原认定的居住房屋的建筑面积,剩余的建筑面积给予补贴(见表4-5)。

表 4-5　G 镇普通多层动迁安置商品房价格变化

动迁安置房价格	2003 年	2004 年	2013 年
基准价(元/平方米)	2 400	3 250	3 450
优惠价(元/平方米)	2 800	3 650	3 950
市场价(元/平方米)	3 500	4 300	6 600
价格补贴(元/平方米)	350	350	350

数据来源:土地使用权基价、价格补贴数据来自 G 镇征地拆迁办公室内部数据,安置房基准价、优惠价和市场价数据来自《G 镇人民政府关于调整动迁安置商品房基准价、优惠价、市场价等事项的通知》《关于调整征收集体土地房屋补偿安置商品房基准价、优惠价、安置商品房成本价等事项的通知》。

为了激励动迁村民早日签约,G 镇政府还将超面积部分的优惠价与动迁村民的签约交房时间绑定。如在 G 镇配套商品房一号基地(二期)的集体土地拆迁房补偿安置方案中,把市场优惠价又划分成 3 200 元/平方米、3 700 元/平方米、5 200 元/平方米三档,如果动迁村民在 2009 年 7 月 10 日至 8 月 9 日内签约交房,可以最优惠的价格即 3 200 元/平方米购买。签约交房时间越晚,优惠价越高,如果在2009年10月1日交房,则购买价格要超过5 200元/平方米(见表4-6)。同时,规定每户最多只能选择一套多层安置房,每户在同档房源内限选一套同种套型的安置房,放弃第一档房源的动迁户可以在第二档或第三档房源内多选一次同种套型的安置房。

表4-6　G镇配套商品房一号基地(二期)安置房价格

楼型	调换标准均价 (元/平方米)	市场优惠均价① (元/平方米)	市场优惠均价② (元/平方米)	市场优惠均价③ (元/平方米)
最高层为6层	2 700	3 200	3 700	5 200

数据来源:《B区G镇配套商品房一号基地(二期)(集体土地)拆迁房屋补偿安置方案》。

镇政府通过征地拆迁政策的再生产,对动迁安置房的补偿标准细化处理,获得了更多解决动迁安置补偿问题的资源,也拥有了在与动迁村民谈判的过程中可以运用的自由余地。

除此之外,镇政府掌握着征地拆迁政策的执行权,也会直接影响动迁村民的补偿利益。动迁村民的征地拆迁补偿费用包括房屋拆迁补偿(货币补偿或者同等价值的产权房屋调换)和其他费用(搬家补助费、过渡费、动迁签约奖励费和家用设施移装费)。在这些费用中房屋拆迁补偿费是动迁村民获得的补偿费用的大头。虽然市政府公布了房屋补偿费的计算标准,但不意味着镇政府没有自行决定的空间。房屋补偿费计算的基础是征地范围内房屋的调查结果,包括已经登记的房屋情况和未经登记建筑物、构筑物的认定和处理结果情况,这需要估价机构进行评定。按照程序,征地公告发布后,区征地事务机构在市规划和自然资源行政管理部门网站上发布需评估项目,招募估价机构。区征地事务机构将符合条件的评估机构名单在征地基地公示。动迁村民通过投票、抽签、协商等方法选出估价机构,区规划和自然资源行政管理部门监督投票和抽签过程。但在实际操作中,镇政府是可以影响估价机构的选择的。

上海市中、低价"四高"示范聚居区

G镇基地二期工程建设房屋拆迁估价机构选票

序号	估价机构	资　质	投票
1	上海房地产估价师事务所有限公司	房地产评估国家一级资质土地评估全国范围执业（A级）工程造价咨询国家资质	
2	上海建欣房地产估价有限公司	房地产评估国家一级资质	
3	上海信衡房地产估价有限公司	房地产评估国家一级资质	
4	上海方圆房地产估价有限公司	房地产评估国家二级资质	
5	上海建经投资咨询有限公司	房地产评估国家二级资质	
说明	(1)每房地产权证、农村宅基地证计一户，发一张选票。 (2)每张选票，只选一家机构，在投票栏中打"√"，如选两个以上(含两个)为废票。不选不作任何记号。 (3)选票盖有B区G镇动迁安置办公室印章有效。		

B区G镇动迁安置办公室

2005年8月28日

　　估价机构确定后，G镇动迁办与其签订征地房屋补偿评估委托合同。估价机构指派估价师和辅助人员对房屋进行实地查勘，调查房屋状况，拍摄反映房屋内外部状况的照片等影像资料，做好实地查勘记录，最后由宅基地使用人或房屋所有人在实地查勘记录上签字盖章确认。居住房屋只评估房屋单价，非居住房屋评估房屋和土地使用权取得费用总价，由此认定房屋补偿建安重置价和土地使用权取得费用[①]，以此作为征地事务机构与宅基地使用人或房屋所有人确定货币补偿金额的依据。一般来说，如果动迁办没有

---

① 房屋补偿建安重置价是指采用现有建筑材料和建筑技术，按估价时点的价格水平，重新建造与被拆除房屋具有同等功能效用的全新状态的房屋的正常价格。土地使用权取得费用，是指在估价时点取得相同性质、相同数量、相同地段等级土地使用权所应支付的费用。估价时点是征地房屋补偿方案公告之日。

特别要求,房屋的评估价格不包括房屋的装饰价值①。评估结束后,估价机构按照委托书要求,向动迁办提供分户的初步评估结果,由动迁办向动迁村民公示。公示期满后,估价机构向动迁办提供整体评估报告和分户评估报告,动迁办再将其转交给动迁村民②。

从表面上看,被拆除房屋的估价是由估价机构决定,镇政府似乎没有自行决定的空间,但事实并非如此。如果采用货币补偿方式的集体土地房屋补偿,那么可以获取的货币补偿金额=(被拆除房屋的建安重置单价结合成新+同区域新建多层商品房每平方米建筑面积的土地使用权基价+价格补贴)×被拆除房屋的建筑面积。被拆除房屋的建安重置单价结合成新是影响动迁村民获取的货币补偿金额的重要因素之一。如果采用分部分项法估价,估价师要现场勘测房屋各组成部分(如墙体、楼地面、屋面等)的主要特征,如用料、工艺及规格数量等,评定房屋成新,再根据现行工程定额标准确定各分项价格,最后确定房屋评估价格。如果采用基准价格修正法,估价师需要根据不同房屋的屋面、墙身、楼地面、层高等因素,对基准价格进行调整、修正,确定房屋的评估价格。无论采用哪一种估价方法,动迁房屋的主体结构(钢筋混凝土结构、砖混结构、砖木结构、木结构、简易混合结构)、装修(墙纸、面砖、大理石、天花板、地板)、阳台、阁楼等都存在差异,镇政府都存在着自行决定的空间。

2. 策略选择:软硬兼具

镇政府既是政权经营者,又是公共服务者;既要满足自身的利益诉求,又要为社会和村民提供公共服务,保证社会稳定。这些角色和目标有时又是相互冲突和矛盾的,而镇政府在行动过程中腾挪转换,运用多种策略与动

---

① 在《关于印发〈上海市征收集体土地房屋补偿评估管理规定〉的通知》(沪规划资源规〔2019〕3 号)中将室内装饰装修价值也作为评估内容。

② 《关于印发〈上海市征收集体土地房屋补偿评估技术规范〉的通知》(沪规土资征〔2012〕378 号)《关于印发〈上海市征收集体土地房屋补偿评估管理暂行规定〉的通知》(沪规土资征〔2012〕379 号)《关于印发〈上海市征收集体土地房屋补偿评估管理规定〉的通知》(沪规划资源规〔2019〕3 号)。

迁村民协商、互动,想方设法地兼顾两种角色和目标。

第一,逐个应对。

G镇政府与动迁村民的谈判是由谈判小组推进的,谈判小组包括动迁办、估价机构和动迁公司的工作人员以及村干部。谈判小组核对动迁村民的房屋面积、人口等基本信息,向他们解释征地拆迁补偿的方式、价格和计算方法。如果动迁村民对补偿方案没有异议,可以当场在《房屋拆迁补偿协议书》上签字;如果不满意,动迁村民可以就补偿的具体条款提出意见。如果动迁村民的要求在谈判小组自行决定的范围内,一番讨价还价之后,谈判小组会同意动迁村民的要求。但是,如果动迁村民的要求超出了谈判小组的权限范围,就只能进入下一轮谈判。一般来说,经验丰富的谈判小组会选择从易到难逐户进行,逐个击破。

"不能约他们一起来,只能一天约一家,怕他们抱团。"(QJ村J书记)

一旦动迁村民组成攻守同盟,或者相互攀比,谈判就会陷入僵局。因此,谈判小组要求动迁村民保密,不能向其他人透露谈判结果。这也是为什么G镇没有张榜公布每户动迁村民的补偿结果,动迁办的工作人员认为如果补偿价格太透明,镇政府就会很被动。谈判小组将动迁村民分割开来、逐个击破,使谈判过程神秘化,就可以利用双方信息的不对称在谈判中占据优势,提高与动迁村民谈判的行动能力。谈判小组如果需要让步换取谈判成功,也可以控制征地拆迁补偿的让步空间。

第二,"磨"。

在与动迁办的工作人员交流的过程中,听到他们反复讲到的一个字——"磨"。

"2000年大居(大型居住社区动迁)的时候,有的人家做了几十遍了……他有他的实际情况,你有你的实际情况,只能调节、协商。你有底线,我也有

底线,只能慢慢磨。"(动迁办工作人员,G镇BA公路动迁访谈)

"他们的情况比较复杂,和他们谈事情可能要半天的时间,甚至可能半天都谈不下来。"(QJ村J书记,G镇BA公路动迁访谈)

"老百姓要求比较高,需要反复做工作。前面我们通过做工作,各种方法,签约签掉了。后面还是有问题,要价比较高。明知道政府的规划,比如在原有的基础上加个70平方、50平方,这是一个标准,但他要的可能是100平方、200平方。换位思考,动迁以后再也不会动迁了,我把老祖宗卖掉了,不把老祖宗卖个好价钱,怎么对得起老祖宗,肯定利益最大化,跟政府的底线冲突。只有靠大家坐下来慢慢谈,能谈下来最好,谈不下来只能慢慢磨,用时间换空间,只有这样做。"(LA村工作人员,G镇LA村访谈)

前面提到动迁村民为了获取更多的征地补偿,跟镇政府讨价还价,采取"拖"的策略。"磨"正是镇政府针对动迁村民的"拖"采取的策略行动。在压力型体制下,镇政府既要按时按量完成上级下达的征地拆迁任务,又要防止因征地拆迁补偿纠纷引发的动迁村民上访、冲突等群体性事件。在这种情况下,简单的行政推动很难换来动迁村民的配合,很有可能会激化矛盾,让双方陷入僵局。只有靠反复地"磨",讲透动迁政策才能把动迁村民过高的补偿预期降下来,调整到政策范围之内。"磨"包含着许多非制度化的人为之力,"磨"的过程是镇政府与动迁村民重复博弈、讨价还价的策略性行动过程(见表4-7)。不仅动迁村民的补偿预期超过了动迁政策范围要"磨",即使动迁村民的要求在政策范围之内,镇政府也要反复"磨",将动迁村民的要求降到一个中位水平,否则,都是以高标准补偿,会抬高其他动迁村民的预期,也使镇政府陷入被动,后面的征地拆迁工作会越来越难做。

表 4-7　G 镇拆迁基地情况表

序号	基地名称	启动时间	原居民数	剩余户数	准备2011年消减的基地	准备2012年消减的基地	准备2013年消减的基地	采取的措施
1	QJ 别墅商品住宅工程	2003	20	4		√		继续上门做工作
2	SZ 居住区 F 块住宅项目	2003	27	2	√			正在抓紧协商
3	G 镇东至规划道路、南至 BA 公路、西至农田、北至规划道路范围土地征收储备及前期开发建设项目	2010	50	32		√		正在协商
4	G 镇东至 PJ 路、南至 BA 公路、西至规划道路范围土地征收储备及前期开发建设项目	2010	10	9		√		正在协商
5	PJ 路三期(绿线)				√			正在协商
6	西干线	2010	11	1	√			正在协商
7	G 镇公园捆绑基地(TY 村)	2010	57	15	√			正在协商

数据来源:G 镇动迁办内部材料。

　　镇政府反复"磨"的原因之一是动迁村民家庭内部情况复杂,难以达成一致。

"农村的习惯,老祖宗的家业传给儿子,女儿分的比较少。有的家里条件不好,只给儿子,不给女儿,就打官司。有的老人去世了,儿女谈不拢就打官司。有些外来媳妇,离婚以后户口迁不回来,也要分房。有人签约了还反悔的,虽然有文件,老百姓也不管,心态失衡了。有些签约的时候没问题,但是产生了家庭矛盾。我们认产权人,有的动迁户名字虽然是他的,但是子女很有主意,不同意。理论上这些事情并不归政府管,但是如果不帮忙解决这些问题,就达不到签约率。所以,现在就组织办公室都忙调节这些事。"(动迁办 L 主任,G 镇 LA 村访谈)

经历过城市化和工业化洗礼的乡村社会已经不再是按照礼治规范运行的社会,但也还没有成长为依据现代公共规则行事的现代社会[1]。征地拆迁破坏了原有的村庄结构,维持乡村社会秩序的内生机制和权威也随之瓦解,村民的行为缺乏地方性规范的约束。当遇到征地拆迁补偿的巨大利益时,极端功利化的自我中心主义让家庭成员陷入了利益的争夺,由于缺乏村庄内部权威的协调,家庭成员之间很难达成一致。作为外部权威,镇政府就成为动迁村民家庭内部利益分配的协调者。但是,村民的思维方式、行为方式是随意的、非程式化的。镇政府如果用科层制运作的规则化、程式化的方式是无法解决问题的,所以只能用"磨"的策略,与动迁户的家庭成员反复沟通,以期达成一致。

第三,人情交换。

人情规则是乡村社会中人与人之间的互动规范,合乎人情比合乎逻辑更重要。因此,镇政府在征地拆迁的行动过程中,也经常使用非正式的人际关系推进征地拆迁项目。G 镇政府要求全体机关干部和基层党员干部做到"两承包、一支持":两承包是承包自己的亲戚朋友和自己单位的员工;一支

---

[1]　张静.现代公共规则与乡村社会[M].上海:上海书店出版社,2006.

持是支持所在生产队的动迁工作。大部分镇里的干部来自本镇,很多干部的亲戚、朋友仍然生活在村庄。为了在征地拆迁中争取更多可利用的资源,镇政府将各级干部的非正式个人关系纳入行政公务关系之中,并且把它与各级干部的政治评价和考核联系在一起。所谓的"承包",意味着干部与自己的非正式个人关系之间存在征地拆迁的连带责任,如果某位干部的亲戚朋友或单位员工中有人成了"钉子户",那么这位干部的年终考核也会受到直接影响。

从上述要求,可以看出对待开展难度大的征地拆迁,镇政府采用双管齐下的方式,一方面运用科层制权力,将动迁责任传递给党员干部,如果党员干部没能做到让自己单位的员工支持动迁,则会面临来自上级领导的问责压力;另一方面,要求党员干部动用非正式关系,保证自己的亲戚朋友积极签订征地拆迁补偿协议,不成为征地拆迁工作推进的阻碍。在动迁办梳理的 G 镇拆迁基地情况表中,可以看到每个基地的动迁过程中都动员了各种社会关系(见表 4-8)。在《G 镇消减存量基地工作情况月报》中,G 镇提出解决消减存量基地的主要工作举措是"在外围寻找突破口,动迁户的亲朋好友,领导搭关系找突破口"。可见,镇政府想方设法与动迁村民攀关系,是运用乡村社会的人情规则,减少征地拆迁阻力的一种策略行动。

表 4-8　G 镇拆迁基地情况梳理表

序号	基地名称	启动时间	原居民户数	剩余户数	采取的措施
1	G 村 QJ 别墅商品住宅工程	2003	20	4	上门洽谈、社会关系、司法强制执行
2	SZ 居住区 F 块住宅项目	2003	27	1	上门洽谈、社会关系、司法强制执行
3	中低价"四高"示范居住区 G 镇基地(二期)	2005	390	5	上门洽谈、社会关系、司法强制执行

（续表）

序号	基地名称	启动时间	原居民户数	剩余户数	采取的措施
4	依云花园B块（G镇四街坊 73/6 丘）	2007	4	1	上门洽谈、社会关系、司法强制执行
5	B区生态专项建设工程（第10块项目）	2007	62	4	上门洽谈、社会关系、司法强制执行
6	B区生态专项建设工程（第11块项目）	2007	132	26	上门洽谈、社会关系、司法强制执行
7	PJ路三期（G段）	2010	35	1	上门洽谈、社会关系、司法强制执行
8	GC公园捆绑地块安置基地配套商品房建设项目	2010	20	0	上门洽谈、社会关系、司法强制执行
9	G镇东至规划道路、南至BA公路、西至农田、北至规划道路范围土地征收储备及前期开发建设项目	2010	50	26	上门洽谈、社会关系、司法强制执行
10	G镇东至PJ路、南至BA公路、西至规划道路范围土地征收储备即前期开发项目	2010	10	1	上门洽谈、社会关系、司法强制执行
11	上海市B区G镇新GC大家园B区配套商品房项目	2010	14	2	上门洽谈、社会关系、司法强制执行
12	GC小辣椒地块建设项目	2010	0	1家企业	上门洽谈、社会关系、司法强制执行

数据来源：G镇动迁办内部材料。

在非正式权力的运用中,村干部无疑是一个重要的角色,他了解村民的情况,在村庄中有一定的威望,跟村民有共同的村社情感,还有各种各样的亲戚朋友关系。正是由于村干部与村庄社会千丝万缕的联系,村干部成为现场动迁办公室与动迁村民谈判的主要参与者和推动者。

"动迁先让村里面的领导,如书记、村主任、队长先签约,再让他们动员亲戚朋友签约。"

但是,征地拆迁补偿的利益巨大,村干部的亲戚朋友在补偿的时候吃了亏,会把矛头直接转向村干部,亲缘、血缘关系在巨大的利益分配面前不堪一击。

"一般前期签约的征迁补偿可能比较低,村干部的亲戚朋友说,'你让我带头签,结果人家拿的比我多',很多都这样翻了脸,亲戚朋友有些直接断了联系。"(QJ村J书记,G镇BA公路动迁访谈)

第四,前置承诺。

在征地拆迁的过程中,如果遇到双方僵持,无法达成一致的情况,G镇政府也会采取前置承诺的策略推进征地拆迁进程,就也是承诺给动迁村民看得见的好处,以此换取动迁村民的同意。TY村的X书记讲起一个前置承诺的例子。

PJ路拓宽项目将TY村村民的祖坟划在了征地范围内,而村民的房屋却划在征地范围之外。这些坟墓有近期的,也有解放前的,征地时挖地三尺,要把这些老祖宗的坟墓全部挖出来。按照动迁政策的规定,坟墓动迁按照土地构筑物补偿,上海市规定的补偿标准是每个坟墓动迁补偿300元,G

镇的标准是补偿 1 000 元左右①。同时,镇政府在变电站高压走廊下面,腾挪出一大块空地,准备建一个墓群,集中安葬动迁的坟墓。安葬的费用由村镇两级支出,动迁村民不用出钱。但是村民对这个解决方案并不满意。他们认为如果只是迁坟,补偿费太低。他们要求镇政府将自己的房屋一并动迁,这样就可以获得丰厚的动迁补偿。镇政府为了尽快解决问题,口头承诺今后会动迁村民的房屋。但是村民并不放心,担心动迁项目完工之后,政府不认账。村民要求村里或镇里写个书面承诺,如果政府反悔,村民就可以拿着承诺书去区里、市里上访。村里和镇里都做出了承诺,原因是村民房屋所在的土地在其他征地规划里,三年或五年之内要被征收。动迁办的 L 主任谈道,"我答应你三年或五年之内给你动迁,就是因为他们生产队三年、五年之内还有动迁规划,要不然不好写承诺的。假如这个生产队在现在的规划里面没有,在 3 年或 5 年之内的其他规划里也没有,他要提出给个承诺,领导肯定不答应。"TY 村的 X 书记说,"假如说这块土地,五年之内没有规划的,肯定承诺不了。这种承诺就是哄老百姓、骗老百姓的。老百姓现在是皇帝啊,他到时候拿着这个承诺去区里面、市里面,造成社会不稳定就是个大问题了。"

G 镇政府为了尽快完成动迁任务,承诺今后会动迁村民的房屋,换句话说,承诺今后会给村民更大的补偿利益,促使村民同意迁移祖先坟墓。但是前提是承诺可以兑现,由于镇政府事先知道三年或五年内村民的房屋会被列入征地拆迁计划,才会以此作为承诺。否则,如果承诺是不能兑现的空头支票,很有可能会引发动迁村民不满,甚至出现激烈的官民冲突。可见,镇政府前置承诺的底线是不能触碰"维稳"的红线,在上级政府对镇政府的考核中,按时按量完成征地拆迁任务固然重要,但是一旦出现了动迁村民上访的群体性事件,危及了社会稳定,镇政府的工作成绩就要大打折扣了。

---

① 坟墓动迁补偿的具体标准由各个乡镇自行决定,上海有的镇补偿费高达 5 000 元甚至上万元。

第五,找平衡。

征地拆迁的不同项目之间跨度较大,补偿差异较大,即使在同一个征地拆迁项目中,签约时间不同,动迁村民获得的征地拆迁补偿也有差异。G镇集体房屋建造面积审批的历史遗留问题,也会造成动迁村民之间的征地补偿差异。

"很多问题都是历史遗留问题。比如他家建房子的时候批了120平方,我家只批了90平方。90平方的人拿房子少,补偿少,吃亏再吃亏,你叫我怎么平衡。""批得多的有300多个平方,少的只有100多个平方。你说怎么平衡?"(动迁办工作人员,G镇LA村访谈)

征地拆迁补偿差异会引发矛盾和纠纷,甚至村民上访。镇政府的一个重要策略就是"找平衡",也就是说镇政府既要保证各个征迁项目之间的补偿价格平衡,又要保证在同一个征迁项目中不同时期签约的动迁村民之间补偿价格平衡。

征地拆迁任务是按照项目下达的,同一个村庄可能被划入不同的征地拆迁项目。TY村和SZ村从2003年到2014年,不断有生产队被征地拆迁。TY村的7个生产队2003年因G镇工业园区被征地拆迁,而另外3个生产队2010年才被征地拆迁(见表4-9)。这两批被征地拆迁的生产队时隔7年,G镇土地使用权基价由1 088元/平方米调整为1 799元/平方米,安置房基准价由2 400元/平方米调整为3 250元/平方米,安置房优惠价由2 800元/平方米调整为3 650元/平方米,安置房市场价由3 500元/平方米调整为4 300元/平方米(见表4-10)。从表4-14也可以看到动迁安置房价格的调整对动迁村民的安置补偿费有一定影响,安置房基准价由2 400元/平方米调整为3 200元/平方米,动迁村民的得房率平均提高了0.3%;安置房优惠价由2 800元/平方米调整为3 600元/平方米,购足旧房面积所需金额平均增加了22 043.05元。

　　这就意味着同一个村庄的村民征地拆迁补偿的标准不尽相同,随着土地价格上涨和征地补偿标准调整,征地拆迁时间跨度大的村庄,动迁村民征地拆迁补偿的差异较大。G 镇政府为了尽量缩小不同时间的征地拆迁项目之间的补偿差异,采取了减少动迁安置补偿标准调整幅度的策略。2004 年 G 镇将土地使用权基价从 1 088 元/平方米调整为 1 799 元/平方米,至今没有再调整过。虽然 G 镇在 2004 年、2013 年两次调整过安置房基准价、优惠价和市场价,但是当前的安置房基准价只比 2003 年上涨了 1 050 元/平方米,涨幅最大的安置房市场价也只上涨了 3 100 元/平方米。而 15 年间,G 镇土地价格迅速上涨,安置房周边的商品房也翻了几番(见表 4 - 10)。

表 4 - 9　G 镇 TY 村、SZ 村动迁情况表

村	动迁项目	动迁生产队(个)	启动时间
TY	G 镇工业园区	7	2003、2004
	PJ 路拓宽带迁	5	2010
	G 镇公园捆绑安置基地	3	
	DT 路东侧动迁安置房	—	2013
	GC 配套商品房 3 号地块	—	2014
SZ	G 镇中心村	—	2003
	新 GC 大家园安置房基地	6	2004、2009、2010
	金色加州等小区建设基地	1	2005
	SZ 房产(自然居)	2	
	QJT 安置基地	—	2009
	泰和水厂扩建工程	—	2014

数据来源:根据 G 镇征地拆迁办公室内部数据整理,部分数据有缺。

表 4 - 10　G 镇动迁安置补偿标准变化

基地名称 时间	土地使用 权基价 (元/平方米)	价格补贴 (元/平方米)	安置房 基准价 (元/平方米)	安置房 优惠价 (元/平方米)	安置房 市场价 (元/平方米)
2003 年	1 088	350	2 400	2 800	3 500
2004 年	1 799	350	3 250	3 650	4 300
2013 年	1 799	350	3 450	3 950	6 600

数据来源:土地使用权基价、价格补贴数据来自 G 镇征地拆迁办公室内部数据,安置房基准价、优惠价和市场价数据来自《G 镇人民政府关于调整动迁安置商品房基准价、优惠价、市场价等事项的通知》《关于调整征收集体土地房屋补偿安置商品房基准价、优惠价、安置商品房成本价等事项的通知》。

表 4 - 11　G 镇新旧基准价、优惠价对照表

村、生产队	实际得房率			购足旧房面积所需款项		
	新房基准 价为 2 400 元(旧)	新房基准 价为 3 200 元(旧)	提高率	新房优惠 价为 2 800 元(旧)	新房优惠 价为 3 600 元(旧)	差额 (元)
TY 村	87.39%	87.76%	0.37%	93 414.35	116 561.18	23 146.83
YMQ 村 XL	89.52%	89.36%	−0.16%	70 804.49	92 437.93	21 633.44
CB 村 BL	89.37%	89.25%	−0.12%	73 064.55	95 032.79	21 968.24
YX 村 YC	88.79%	88.81%	0.02%	82 672.06	106 087.24	23 415.18
YX 村 ZB	84.84%	85.85%	1.01%	101 519.8	121 840.92	20 321.12
YX 村 ZN	87.84%	88.10%	0.26%	83 420.33	104 969.10	21 548.77
YX 村 ZJ	87.94%	88.17%	0.23%	76 381.00	96 298.38	19 917.38
ZY 村 GJQ	85.66%	86.46%	0.80%	113 932.49	138 270.94	24 338.45
平均	87.67%	87.97%	0.30%	86 697.51	108 740.55	22 043.04

数据来源:根据 G 镇征地拆迁办公室内部数据整理。

镇政府在同一个征迁项目中,也要尽量保证时间签约的动迁村民之间不能有太大的差距。

"有几户人家在政策范围里,其实可以签,但是他们的要求偏高,还要做工作,要保证跟之前的签约户之间平衡。"(动迁办工作人员,G镇 LA 村访谈)

G镇在开展 BA 公路拓宽改建项目征地拆迁的过程中,尽量保证动迁村民之间补偿费用的平衡。如张 ** 和彭 ** 的有效房屋建筑面积都是 237.5 平方米,张 ** 的可置换房屋总价为 98.9 万元,彭 ** 为 97.2 万元,两者相差不到 2 万元,可置换房屋总价的差异是由装修和附属设施的价格差异造成的(见表 4 - 12)。

表 4 - 12　G 镇 BA 公路拓宽改建工程 GW 村房屋置换情况(部分)

姓名	有效房屋建筑面积(平方米)	棚舍面积(平方米)	有证房屋总价(元)	装修价格(元)	附属设施价格(元)	评估报告总价(元)	土地基价+价格补贴(元)	可置换房屋总价(元)	安置房价(元)		
									基准价	优惠价	市场优惠
张 **	237.50		255 550	104 058	119 114	478 722	510 388	989 110	3 916	4 416	6 907
彭 **	237.50		250 563	92 630	118 618	461 811	510 388	972 198	3 916	4 416	6 907

姓名	可置换面积的价格(元)						需要支付产生的差价(元)	按基地口径,允许在认定合法有效面积外购买 30 平方米后可置换面积					
	基准价	基准价得房率	优惠价	市场价	优惠价	市场价	总价	基准价(元)	基准价得房率	优惠价(元)	市场价(元)	总面积(平方米)	总得房率
张 **	237.5	1.0	0	0	0	0	−59 060.0	252.58	1.06	0	14.92	267.50	1.13
彭 **	237.5	1.0	0	0	0	0	−42 148.0	248.26	1.05	0	19.24	267.50	1.13

数据来源:G 镇征地拆迁办公室内部数据。

第六,"开口子"。

"钉子户"拒绝配合镇政府的征地拆迁工作,他们总是想获得比其他动迁村民更多的补偿利益。镇政府在与"钉子户"反复沟通、协调的过程中,为了按期完成征迁任务,有时会采用"开口子"的策略,做出妥协。只要"钉子户"的要求在镇政府自行决定的范围内,镇政府会在一定程度上满足"钉子户"的要求,比如多计算一些拆迁房面积、安置房面积更大等。

"征地工作很难做,上面有规定的时间节点,我们也很难办。社会上对动迁工作的宣传多数是负面的,正面的比较少。媒体根本不懂来龙去脉,而且报道的都是矛盾的点。跟村民接触下来,发现他有他的实际情况,但是我也有我的实际情况。他有底线,我也有底线。我们只能调节、协商,讲道理、情理、法理。在不违背政策的前提下,尽量考虑居民的利益。尽量不强制执行,走法律程序很慢也很难。大概要一年多,法院会给他们三个月的答复期,前期包括断断续续的答复。后期还要安置、化解他们的矛盾,很复杂。"(QJ 村 J 书记,G 镇 QJ 村访谈)

镇政府对"钉子户""开口子"的策略是在"稳定压倒一切"和"一票否决制"考核体系下的理性选择。近年来,社会矛盾日益突出,各类群体性事件频发,由征地拆迁引发的矛盾更是成为公众关注的焦点。上级政府为了维护社会秩序,把稳定作为镇政府政绩考核的一项重要指标。在这样的情况下,镇政府在处理征地拆迁问题上,只要"钉子户"的要求没有超越政府的底线,镇政府往往会妥协、退让,将可能爆发的问题化于无形。不过"开口子"的策略虽然可以保证某一征迁项目如期完成,暂时缓解"钉子户"与镇政府之间的紧张关系,但也会产生意外后果。镇政府"开口子"等于是默认了"钉子户"特殊要求的合法性,会造成极为不利的示范效应,也抬高了动迁村民对补偿费用的期望。G 镇仍处于大规模征地拆迁之中,不断有工程启动,如果其他项目的动迁村民认为只要态度强硬就可以获利,就会效仿"钉子户"

的行为。动迁办的 C 主任谈道：

"我们还有十几个村庄要动迁，十几个村庄都按照高等标准，口袋越放越大，应该要把口袋收紧。"

否则，镇政府只能一再退让，这样就会形成恶性循环，导致 G 镇征地补偿的实际价格不断攀升，征地拆迁工作越来越难推进。

第七，"拔钉子"。

当"钉子户"的要价超过了镇政府自行决定权的范围，镇政府无法运用开口子的策略摆平"钉子户"，就只能启动"拔钉子"的策略，实施强制执行。强制执行是政府使用强制权力对"钉子户"采取强制措施，是一种成本极高的治理手段，如果处理不得当会产生难以预料的意外后果，并非基层治理的首选。因此，一般情况下，镇政府不会轻易选择强制执行。但问题在于，如果强制权力长期不在场，强硬的"钉子户"会长期存在，不仅会破坏村庄的地方性规范，造成动迁村民之间的不公平感，还会使征地拆迁工作陷入僵局。贺雪峰认为强制执行有两个理由：第一，如果不允许强制执行，就会出现坐地要价的情况，可能导致城市建设或基础设施建设扩展受阻。强制执行可以降低交易成本，有利于快速推进城市化和建设更好的基础设施；第二，如果不允许强制执行，而允许农民按土地非农使用的市值来获得土地非农使用收益，城市近郊的农民因为特定的区位优势有了极高的要价能力，中国经济发展的剩余主要流入城郊农民手中，而这些人却成为不劳而获的土地食利阶层[1]。

G 镇 1.6 平方公里的动迁项目推进的过程中有一户"钉子户"（YX 村 DJ 生产队 57 号 L 户），镇政府反复沟通协调，"钉子户"还是拒不接受补偿方案。按照《上海市征地房屋补偿争议协调和处理试行办法》（沪规土资征

---

[1] 贺雪峰.地权的逻辑 2：地权变革的真相与谬误[M].北京：东方出版社，2013：125，128.

〔2012〕819 号）的规定,区（县）土地管理部门可以责令被补偿人在限期内搬迁、交出土地。如果被补偿人在法定期限内对责令交出土地决定不申请行政复议或者不提起行政诉讼,又不履行的,区（县）土地管理部门可以依法申请人民法院强制执行。2009 年 3 月 27 日,在区建设交通委的指挥下镇政府对"钉子户"实施了强制执行。强制执行之前,区、镇两级政府制定了详细的实施方案,进行了周密部署。强制执行工作由区、镇多部门参与,分工合作、联合执法,包括区建设交通委、区房地局、区信访办、区法制办、区司法局、区公证处、区公安分局、区城管大队、G 镇工作人员,其中特别安排女性工作人员参加,方便开展工作。各部门具体分工见表 4-13。

表 4-13　G 镇 1.6 平方公里的动迁项目强制执行行动分工

部门	分工
区建设交通委	执行现场的指挥、协调
区房地局	执行现场的取证、制作执行记录和财产清单等工作,向区人民政府报告房屋强制拆迁的执行情况
区公安分局	在执行现场设置安全警戒线,负责现场治安工作,制止和处理发生抗拒、阻碍执行人员执行公务的行为,保证房屋拆迁行政强制执行工作的有效和顺利实施
区城管大队	维护现场秩序,确保强制拆迁工作的有效和顺利实施
区法制办	执行现场的行政执法监督,对执行中发生的违法行为,发出责令整改通知
区司法局	在执行现场向被拆迁人宣传国家和本市房屋拆迁等方面的法律、法规和规章
区公证处	被拆迁房屋及财产的证据保全等公证
区信访办	被拆迁人的稳定工作

这次强制执行由副镇长总负责,镇政法委、武装部、镇动迁办、综治办和信访办共同参与。镇政府主要配合区政府的工作,负责安排纠察力量,维持

执行现场的有关秩序,安排善后工作。并且在房屋拆迁强制执行之前,落实强制带离执行现场后的接待地点,确保给被拆迁人的安置用房具备入住条件,提供强制执行中所需的运输车辆、搬运器械、拆房机械、救护车辆、灭火器材等,组织拆房队伍进行断水、断电等拆房准备工作。G 镇参与强制执行的人员分为稳定组、宣教组、拆房组、搬场组和后勤组,具体分工如表 4-14。

表 4-14 G镇强制执行人员分组

序号	分组	负责人	参加部门及人数	职 责
1	稳定组	镇政府政法专职干部	公安 20 人、社保 20 人、市容 40 人,共 100 人	1.现场警戒　　2.强制带离 3.维护秩序
2	宣教组	镇党委委员宣传科长	YX 村 10 人、动迁公司 3 人、动迁办 2 人,共 15 人	1.开展思想解释工作 2.做好强制执行亲属的思想稳定工作 3.做好 57 号劝离工作 4.动迁公司做好临时洽谈准备 5.制定媒体接待预案,编写新闻统发稿
3	拆房组	动迁办副主任	拆违办 5 人、拆房队 30 人,共 35 人	确保在规定时间内完成拆房任务
4	搬场组	动迁办副主任	公证处 2 人、房地局4人、动迁办 5 人、搬场公司 10 人,共 21 人	1.做好财产证据保全 2.物品包装及搬运
5	后勤组	镇党政办	动迁办 2 人、党政办 2 人	1.现场布置、资料收集 2.物资、车辆准备

（续表）

注:需镇部门参与和配合的事项:

(1)政府卫生办配合落实:地段医院住院床位;一辆救护车两名医生

(2)镇综治办、城管市容队:各落实 40 名队员

(3)安全办派一名干部参加并准备 4 只灭火器

(4)民政科联系落实敬老院床位

(5)信访、司法参与随时配合开展被强制执行人的接待工作

从 G 镇政府这次"拔钉子"的行动过程可以看出,镇政府对于强制权力的使用是非常谨慎的。第一,镇政府必须取得区政府的授权和参与,强制执行实施方案的制定和强制执行工作的实施,都有区政府相关部门的全程参与,这使强制执行行动获得了更大的合法性。第二,区镇两级政府多部门协同参与。这次强制执行共有 8 个区级部门,包括区建设交通委、区房地局、区信访办、区法制办、区司法局、区公证处、区公安分局、区城管大队,以及 5 个镇级部门,包括镇政法委、武装部、镇动迁办、综治办和信访办参与。多个部门各司其职,共同协作。第三,镇政府周密部署。即使采取强制执行的措施,镇政府仍然安排了工作人员做思想工作,期望在强制执行实施之前,可以劝说"钉子户"离开居住房屋,而且为了方便开展工作,特别安排了女性工作人员。为了防止突发事件的发生,还安排了救护车、医生和灭火器。第四,镇政府主动发声。以往媒体对于此类事件的报道基本都是负面的,而面对媒体的"怕、躲、捂"等消极应付则更容易造成舆论危机。镇政府主动与媒体沟通,抢占舆论先机,在最短时间内公布真相,让谣言无以立足,引导社会舆论发展。

镇政府在与"钉子户"互动协商的过程中,有时会采用"开口子"的策略,似乎镇政府会被"钉子户"影响,两者之间演变为一种颠倒的关系模式。也就是说虽然基层政权并未从根本上失去对农民的总体性强制权力,但是渗

透和整合能力降低了①。实际上,镇政府并未真正失去对农民的基本强制能力,表面上的"弱势"是在保证镇政府基本利益前提下的调整,"钉子户"并不能真正与动迁办形成抗衡的局面。如果"钉子户"的要求超越了底线,主管部门会采取"拔钉子"的策略运用"强制权力"解决问题。对"钉子户"的"开口子"与"拔钉子"是镇政府在强("强制权力")与弱("基础权力")并存的情况下的一种合情合理合法的工作策略选择。

三、征地拆迁中的权力关系再生产

组织决策分析的推论模式认为,"行动者的出场是为了避免或减少等级制的形式组织对他们的约束"②。所以,尽管受到上级政府统一管理、日常监督、年终考核、控制资金、政策更新等制约,但镇政府不仅不会消极、被动地适应制度环境,还会在其中获取关键性资源,促使环境有利于自己的发展。它会尽量减少科层制形式规则的约束,为自己保留最低限度的自由余地,并运用这种自由余地与科层制的形式规则博弈,与动迁村民谈判协商。这种自由余地构成了镇政府的主要权力资源。

镇政府与动迁村民谈判的自由余地来自征地拆迁政策的再生产和执行权。镇政府不仅可以制定补偿标准的执行细则,还掌握着征地拆迁政策的执行权。动迁村民获得的房屋拆迁补偿费是在估价机构调查的基础上计算的,估价机构对拆迁房屋的主体结构、装修、阳台、阁楼等补偿评定一定程度上依赖主观判断。而镇政府可以影响估价机构的选择,也就意味着镇政府可以影响动迁村民的征地拆迁补偿利益。因此,通过征地拆迁政策的再生产和执行,镇政府占有了影响动迁村民征地拆迁补偿利益的关键性资源,在与动迁村民的谈判中占据了优势,具有更强的行动能力。

不过,动迁村民并非毫无还手之力的弱势群体,他们为了获得更高的征

---

① 转引自吴毅.小镇喧嚣——一个乡镇政治运作的演绎与阐释[M].北京:生活·读书·新知三联书店,2007:607.
② 李友梅.组织社会学与组织决策分析[M].上海:上海大学出版社,2009:112.

地拆迁补偿,通过"违规"、拖、比较、强调"弱者"身份的方式与动迁办讨价还价。更有甚者为了获得高额的补偿,不惜成为面对公共权力表现出强硬态度的"钉子户"。

由此,我们发现在征地拆迁的行动过程中,动迁办和动迁村民紧密地联系在一起,彼此在决策上高度依赖,于是行动者之间的一种游戏就建立起来了。在这个游戏里,每个行动者都会对自己选定的征地拆迁行动方案的得失进行计算,衡量自己的投入是否合算,然后做出理性决策。动迁办与动迁村民之间不再是单向的管理与被管理关系,而是在征地拆迁中形成了一种双向互动的动态关系。

"游戏让行动者的自由、行动环境的相关制约、利益的冲突、妥协退让、彼此的竞争与相互的合作的理念变得相容,并以一定的方式得以整合。"[1]在征地拆迁中,促使国家权力和基层社会整合的关键是村干部。村干部扮演着国家代理人和村庄当家人的"双重角色"[2],是连接国家和社会的"第三领域"的半正式人员[3]。在征地拆迁中,村干部将国家意志和动迁村民利益巧妙地整合起来。作为国家的代理人,村干部辅助镇政府落实征地拆迁在村庄的具体工作。G镇动迁工作组及下设的现场动迁办公室,都有涉及动迁的村庄的党支部书记作为组员。虽然村干部不在国家行政体系之内,但是镇政府将其纳入极具科层制色彩的组织,村干部由此获得正式制度的授权。不仅如此,镇政府也将科层制内部的压力传递给村干部。为了保证征地拆迁工作平稳进行,防范因征地拆迁导致的信访、上访事件发生,镇动迁工作小组要求涉及动迁的村党支部、村委会编制"联系手册",详细记录每一户动迁户的联系电话、家庭状况,每天召开骨干联络会议,及时交流、沟通,了解动迁村民的生活情况和思想动态,关注潜在问题,掌握主动权。除了是国家

---

① 米歇尔·克罗齐耶,埃哈尔·费埃德伯格.行动者与系统——集体行动的政治学[M].张月,译.上海:上海人民出版社,2007:序6.

② 徐勇.村干部的双重角色:代理人与当家人[J].二十一世纪,1997,42(8):151-158.

③ 黄宗智.国家—市场—社会:中西国力现代化路径的不同[J].探索与争鸣,2019,35(11):42-56.

代理人,村干部也是村庄利益的代表。为了获得更高的房屋拆迁补偿收益,动迁村民通过拉关系、塑造弱者身份的方式,换取村干部的同情。出于守望相助的地方性规范,村干部在自行决定权的范围内,为动迁村民争取更多的补偿或提供就业支持。当然村干部的行为选择也与农业税全面取消后,乡村政治从索取型转为服务型密切相关。在服务型政治中,治理者需要不断回应社会的要求和压力,主动调适自己的政治行为,整合各方利益①。

第五章

技术塑造下的基层治理

近年来,各级政府开始探索搭建与公众互动的网络平台,特大城市城乡接合部所在的基层政府将居(村)委员会运行、基层党建、社区议事等社区工作搬到了网络平台。信息技术的引入是否缓解了特大城市城乡接合部社区治理的困境? 信息技术开拓了一个新的领域和空间,国家和社会在这个空间中如何展开互动? 国家借助信息技术获得了更强的社会控制能力,还是社会经由信息技术赋权,拥有了更多自我表达、参与治理、监督政府的权力和能力? 信息技术在多大程度上重新塑造了国家与社会的关系? 国家与社会的互动机制又会如何演化? 这些问题已经引起了一些学者的关注,但是技术治理对政社关系可能会产生极为复杂的影响[①]。这些问题还需要进一步的分析与研判。

本章首先梳理上海市 B 区 G 镇"社区通"平台的建设背景与基本架构,然后分析"社区通"治理实践中的国家与社会关系,重点分析信息技术对政府运行与社会生长的影响,在此基础上讨论信息技术如何重塑国家与社会关系。

---

① 黄晓春.中国社会组织成长条件的再思考——一个总体性理论视角[J].社会学研究,2017,32
　(1):101-124.

第一节 "社区通"的缘起与架构

G 镇位于城乡交接地带,面临着社区治理的复杂性和多元化需求,以及由此产生的制约社会治理效能的实际问题。

首先,快速城市化引发的区域差异和人口难题。G 镇内部城市化进程不一,社区类型多。既有高度城市化的城市街区,也有以传统农业为主的典型乡村社区;既有中心城区导入人口集中居住的大型居住区,也有以商品房为主的高档住宅社区;既有本地居民集中居住社区,也有外来人口集中居住社区。城市化进程的快速推进不仅造成镇域内的发展差异,也带来了过快扩张的人口规模和复杂化的人口结构。2019 年底,G 镇的外来人口为 31.46 万人[①],相比于 2000 年的 9.87 万人[②],增长了 3.2 倍。人口规模增长过快,而且人口结构不合理,导入人口分布相对集中,导致 G 镇的社区治理和公共服务面对巨大压力。同时,互联网的虚拟化、匿名化与社区治理的复杂性叠加,出现了网络参与的无序化和网络集体抗争,进一步加剧了基层社会治理的难度。

其次,基层社会治理体系有待进一步完善。居村党组织是基层治理的主心骨,具有"一核多元"与"一核多能"的核心作用和多重服务功能。然而,居村党组织缺乏直观、具体的渠道来发挥作用,大量社区工作并不被大部分居民知晓。而且,居村党组织的工作以遵从上级指令为主,对于居民的个性化诉求回应相对较少。多层次的社区工作体系仍不健全,各个工作系统之间联通互融不够,需要搭建更有效的平台提升基层工作效能。

---

① 上海市宝山区统计局,国家统计局宝山调查队.2019 宝山统计年鉴[M/OL].(2020 - 10 - 20)[2021 - 02 - 21]. http://xxgk.shbsq.gov.cn/article.html? infoid = 7275a4df-488d-49d3-8651-0ac433c37838.

② 上海市宝山区统计局,国家统计局宝山调查队.2010 宝山统计年鉴[M/OL].(2011 - 08 - 02)[2021 - 02 - 21]. https://xxgk.shbsq.gov.cn/article.html? infoid = fca7d1c2-9eb6-4479-b725-42c616312be9.

再次,居民参与的广度与深度不足,社区共同体尚未形成。一是居民参与的主体是老年人,居民区的楼组长、志愿者以及文体活动组织大多都是老年人,年轻人很少参与。二是居民参与的活动以文体活动为主,自治共治项目较少。三是居民参与经常表现为精英主导下的动员型参与,而非自我意识主导的自愿参与。居委会动员的参与主要是执行国家政策,实现社会控制,居民并没有通过参与社区活动,"产生一种超越个体利益的公民精神和因参与了社会改造过程而生发的主体性"①。而居民表达自我利益的集体行动往往受到地方政府的严格限制。因此,目前的社区还不能被称之为社区共同体,因为居民还不能自主参与居住区公共议题的决策过程,并由此形成对社区空间的认同。

在这种背景下,2017 年 2 月 B 区政府委托上海鲸邻信息科技有限公司研发的移动互联网治理平台"社区通"上线运行,6 月份在区内全面铺开,推动科层制组织流程重塑、政府和社会互动关系革新。"社区通"由 iB 区、社区公告、党建园地等八大板块组成。

"iB 区"和"社区公告"是信息发布板块,"iB 区"由区社建办发布市区两级的公共服务类便民信息和重大民生类宣传信息,"社区公告"由居村两委发布社区内重大事项、活动通知等信息,并实时展示居村委会的各项工作成果。

"党建园地"既是居村两委发布党建信息的板块,也是党员活动的主阵地。党员在这里开展报到、学习、议事、认领社区公益服务项目等活动,落实党员"双报到""双报告"制度,板块的"党员亮身份"功能让党员在社区亮出身份,接受群众监督。

"办事指南"和"服务"版块为居民办理事务、获取服务提供便利。"办事指南"由居村两委为社区居民提供办理各类事项的指南,让居村民足不出户就可了解办理各项事务的途径和所需材料。"服务"板块入驻了热心公益和

①　杨敏.作为国家治理单元的社区——对城市社区建设运动过程中居民社区参与和社区认知的个案研究[J].社会学研究,2007,22(4):137-164.

社区事务的社会组织、群众团体和个人，包括承接区公益项目的社会组织，为居民提供各种专业社区服务。

"议事厅""左邻右舍""邻里交流（小区群）"为居村民提供参与社区事务、相互交流的网络空间。"议事厅"重点引导居村民对社区议题进行广泛讨论和投票，促进居村民自我管理、自我监督、自我教育和自我服务的有序开展。"左邻右舍"由"身边事""互助""闲置物品"等小板块组成。居村民通过"身边事"与居委会沟通，表达利益诉求、提出意见和建议。"互助"（乡邻互助）是居民之间互助、交流的板块，线上交流打破了隔绝居民的每家每户的"有形之墙"，以及邻里间的戒备心和距离感，居民开始从熟悉的陌生人逐渐变为社区的老熟人。"闲置物品"（爱心集市）是社区家庭闲置物品的公益交换板块，既可以最大限度地发挥闲置物品的使用价值，实现资源的重新配置，也促进了居民的交流和了解。"邻里交流（小区群）"板块模拟真实的社区生活，居民可以通过"敲门"与邻居或居村委会成员在线沟通，也可以给邻居或居村委会成员发信。该板块有"小区群"、专题公共群，方便居民参与本小区的事务讨论，亦或参与专项的社区事务交流。

第二节　"社区通"入场：与现有结构的碰撞

"社区通"进入基层治理场域是一种怎样的过程呢？区政府如何推动"社区通"在 G 镇落地？作为一种信息技术，"社区通"在基层扎根之后，又如何改变现有的基层治理结构呢？

一、技术落地：政府内部层层动员

政府上下级之间是命令关系，似乎并不存在动员关系，其实不然。"一个组织不单纯是由完善的科层机器规定的权利与义务所构成"[①]。在对基层

———

① 米歇尔·克罗齐耶.科层现象[M].刘汉全，译.上海：上海人民出版社，2002：引言 6.

政府的实证研究中,学者们发现不同层级的部门间存在着复杂的博弈关系。下级政府并不是不折不扣地执行上级政策,更多的时候是"选择性执行"[①]"象征性执行"[②]或"变通式执行"[③],这往往会导致上级的政策目标发生偏离。因此,科层体制内部的动员是必要的,在推行重要政策时,上级政府会集中行政资源,形成一种强大的压力迫使下级政府贯彻上级政策[④]。B区推行"社区通"的过程中政府主要通过以下方式在内部展开动员[⑤]。

（一）特殊的人事安排

社区事务众多,为了保证基层干部有效完成"社区通"落地,区政府、镇政府组建了专门的领导小组和推进办公室。领导小组的组长由镇党委书记或副书记出任,副组长由副镇长出任,小组成员包含民生服务、社会治理、基层党建的组织和宣传、公安、网格、房管、城管、绿化市容、工青妇等各部门的负责人。居村层面成立工作组,由支部书记牵头、支部组织委员具体负责,并由专职人员负责社区通的推进工作。

（二）特殊的制度安排

B区在现有社区运行制度的基础上,进一步强化和创新了一系列管理制度。首先,建立二级联动责任体系。G镇的镇领导分片联系居村委,监督、巡查居村工作。居村委员会落实"书记负责制",居村的党委书记是第一责任人,"两委"分工负责,24小时轮班在线,对居民提出的各类诉求即时回应、及时协调、快速处置、跟踪反馈,实现"全天候全方位"联系服务。其次,建立联席会议制度。为加强部门之间的协同,G镇的镇政府、各条线部门、居村

---

① O'BRIEN K J, LI L. Selective policy implementation in rural China[J]. Comparative politics, 1999,31(2):167-186.
② 李瑞昌.中国公共政策实施中的"政策空传"现象研究[J].公共行政评论,2012,5(3):59-85.
③ 王汉生,刘世定,孙立平.作为制度运作和制度变迁方式的变通[J].中国社会科学季刊,1997(冬季号):85-100.
④ 周雪光,练宏.政府内部上下级部门间谈判的一个分析模型——以环境政策实施为例[J].中国社会科学,2011,32(5):80-96.
⑤ 借鉴陈家建对项目制动员模式的分类,见陈家建.项目制与基层政府动员——对社会管理项目化运作的社会学考察[J].中国社会科学,2013,34(2):64-79.

委的负责人组成联席会议,落实"社区通"领导小组的工作要求,研究"社区通"推行工作中的难点问题和解决对策。再次,建设运行规范制度。为了进一步规范平台运行,区政府制定了"社区通"的《实施意见》《操作规范》《指导手册》等配套制度。

（三）高效的动员流程

作为区政府重点推进的一项基层治理创新工作,"社区通"具备资源优先性和程序优先性,可以在有限的基层行政资源和众多的基层工作中"脱颖而出",优先抢占基层行政资源和基层干部的工作时间。"社区通"的动员流程体现在以下三个方面。

第一,高密度的会议。区政府召开"社区通"推进专题会议,区领导、镇主要领导出席,确定该项目的重要性,表明区政府推进该项目的决心。G镇定期召开"社区通"工作推进会,区社建办主任、镇党委领导班子、镇各职能部门负责人、居民区党组织书记、村居委主任出席。这样,任务层层推进,压力层层传递。

第二,定期汇报与评比。居村委的负责人不仅要定期向上级政府汇报"社区通"的推进情况,还要在镇、区级的专项推进会上汇报工作开展情况。不仅如此,B区还组织了"社区通"创新实践案例评选活动,通过案例筛选、各居村投票等初选环节,结合"社区通"平台上各案例的阅读、点赞等数据和案例的具体成效,最终评选出20个创新实践案例。对于居村委的负责人来说,要同时承担来自上级领导的监督压力和同级单位的竞争压力。在压力型体制的强压力和政治锦标赛的强激励下,基层单位被更有效地调动起来。G镇有2个案例入选。

第三,培训与典型示范。区政府、镇政府举办培训会,对社区"两委"、党委和居委会的负责人进行培训。培训的内容包括:如何强化基层党委的引领功能,宣传好党的工作和形势;如何引导更多的居民使用平台,提高居民活跃度;如何提升线上线下联动的工作能力和各部门协同解决社区问题的能力;如何运用"社区通"掌握居民的需求和问题,提升问题解决能力。除此之外，B区还选取了 12 名实践经验丰富、工作业绩突出、表达能力良好的居村书记担任"社区导师"，开设"社区讲堂"，分享经验。当某些居村的"社区通"推进经验得到了上级认可时，"它便可能成为一项标准、规范或者主导性的制度逻辑"①。来自同级的规范压力和模仿压力会促使其他居村效法"规范性"的实践②。而且，为了获得上级政府的认可，至少也会象征性或表面性地采取该创新③。

（四）政绩亮点的快速打造与宣传

在资源集中、高效动员的情况下，"社区通"取得的政绩效果显著。

第一，整合社区资源、优化配置，突破属地化资源限制。城乡接合部社区有大量导入人口，其中大部分人的户籍没有迁入，这意味着按照属地化原则配置的公共服务资源面临巨大缺口。"社区通"开设的办事指南、党建园地、警民直通车、家庭医生、社区服务、物业之窗、业委连线、公共法律服务、议事厅、左邻右舍、邻里交流等板块整合了基层党组织、居委会、物业公司、业委会、社区居民等各种资源，缓解了城乡接合部社区由于大量导入人口造成的公共服务资源供给压力。"社区通"不仅为社区居民提供了"一网集聚、一键畅享"的社区优质服务，平台的资源聚合机制还使平台上的各个主体彼此协作、相互增益、共创价值。

第二，基层多元治理架构进一步完善，适应社区运行的"不确定性"。城乡接合部社区的过渡性和人口高流动性，决定了它的运行过程充满了不确定性，因此无法依赖单一的行政化手段治理。依托"社区通"，B区进一步完善了以居村党组织为领导核心，居委会为主导，居民为主体，业委会和物业公司（村集体经济组织）、驻区单位、群众团体、社会组织等共同参与的治理

① TOLBERT P S，ZUCKER L G. Institutional sources of change in the formal structure of organizations：the diffusion of civil service reform，1880—1935［J］. Administrative science quarterly，1983，28（1）：22 - 39.

② DIMAGGIO P，POWELL W. The iron cage revisited：institutional isomorphism and collective rationality in organizational fields［J］. American sociological review，1983，48（2）：147 - 160.

③ 马亮.府际关系与政府创新扩散：一个文献综述［J］.甘肃行政学院学报，2011，20(6)：33 - 41.

架构。居村党组织要求辖区党员在"社区通"平台上亮身份、受监督、起作用。居村党组织的领导核心地位不仅体现在党员的影响力和政治作用上,还表现在对"三驾马车"的引领上。居村党组织指导物业公司、业委会在"物业之窗""业委连线"板块直播工作、提供服务,有效提升了小区物业服务水平,不少小区业委会组建难的问题得到解决。"社区通"吸引了更多的上班族参与社区治理,50 岁以下群体上线的比例达到了 60%。平台建立了"提出议题—把关筛选—开展协商—形成项目—推动实施—效果评估—建立公约"的操作链,让自下而上提出议题、形成项目、订立公约成为新常态,共有 13 万余名居村民参与协商,产生议题 2.7 万余个,其中转化为居民区公约和自治项目的有 2 900 余个①。"社区通"平台还吸纳了社会组织和社区自组织开设在线公益服务店铺 612 家。

第二,基层政府的精准服务能力提升,回应复杂的治理需求。城乡接合部社区样态和人口结构复杂,导致多元化的治理需求。"社区通"与多个信息系统智能对接,及时发现居民需求,建立高效的问题分层分类处置闭环,跟踪办理流程,确保"民有所呼、我有所应"。"社区通治慧中心"深入采集、挖掘、分析、共享社区数据,既能掌握社区共性问题,也能了解居民的个性化需求,适时调整社区服务的内容和方式,精准施策、精准服务。2018 年一季度,针对"社区通"数据显示居民热议的"交通出行"问题,区、街镇两级政府联动,深入调研、精准施策、快速解决,优化了区域内多条公交线路。

"社区通"的引入在一定程度上缓解了特大城市城乡接合部社区由于复杂的人口结构、社区样态和高流动性造成的治理困境。B 区政府以此为宣传点,开展了大规模的政绩宣传活动,打造"社区通"的创新品牌。《人民日报》、新华社、央视《新闻联播》、新华网、人民网、中央人民广播电台等中央媒体,以及《北京日报》《解放日报》《文汇报》《新民晚报》、凤凰网、澎湃新闻等地方媒体纷纷报道了"社区通"开创的社会治理新模式。"社区通"获得市

① 高丹.构建党建引领基层社会治理新模式[J].党政论坛,2020,36(9):18-20.

委、市政府领导的充分肯定,被评为 2017 年中国(上海)社会治理创新实践十佳案例。"社区通"的创新模式还传播、扩散到上海市以外的其他地区,在山东、北京、安徽、天津、内蒙古等地的基层社区治理中得到应用。

自十九大报告提出"加强和创新社会治理领域""要建立共建共治共享的社会治理格局"以来,社会治理就成为上级政府重视的政绩指标,基层政府之间围绕社会治理的政绩展开竞争。然而社会治理领域缺乏清晰、客观的测量指标,治理成绩可视性低。黄晓春和周黎安认为,主要原因在于:一是加强社会治理的战略方向及主要目标较为抽象且缺乏具体细则,导致该领域的探索与产出高度依赖专业和主观的阐释系统;二是社会治理领域许多重点工作的政策信号是多向性和动态性的;三是社会治理领域的公众评估面临系统性难题。在这样的背景下,基层治理的绩效主要依赖印象政绩,即"以汇报资料、专项会议、决策咨询参考要报、上级表彰等为基础的总体性印象"[①]。B 区政府围绕"社区通"开展的大规模宣传,正是基于基层治理转型的一种理性选择。

二、技术扎根:虚拟空间的结构再造

政府引入信息技术,原有的科层制结构发生变化了吗? 简·E. 芳汀认为,只有某些管辖权的界限发生了变化,信息技术并未消解科层体制的根本特征,相反,它还构造了一个虚拟科层体系[②]。

"社区通"引入 B 区之后,构造了什么样的虚拟结构呢?

---

① 黄晓春,周黎安."结对竞赛":城市基层治理创新的一种新机制[J].社会,2019,39(5):1-38.

② 简·E. 芳汀虚拟科层体系的特征为:①依靠信息技术而非人来组织信息;组织结构建立在信息系统上,而不是人身上;②电子传播和非正式传播;团队执行任务和做出决策;③用传感器、条形码、应答机和手提电脑等电子维护和电子传送形式多变的数字化文件;记录、存储、分析和传送资料;系统员工维护硬件、软件和电讯传播;④雇员是跨功能的和授权的;工作不仅受制于专业技能,而且受制于计算机中介的程度和复杂性;⑤规则内嵌在应用系统和信息系统里;一个看不见的虚拟结构系统;⑥迅速、即时的处理;⑦对反馈的持续监控和更新;更快、即时的调整成为可能。简·E. 芳汀.构建虚拟政府——信息技术与制度创新[M].邵国松,译.北京:中国人民大学出版社,2010:53.

（一）打造"区—镇—居村"的三级联动体系

"社区通"平台分为区—镇—居村三个层次，各层级的控制权限不同。参照周雪光对政府各级部门控制权的划分，将"社区通"平台的控制权划分为三个维度：目标设定权、观察权和检查验收权①。

首先，目标设定权。"社区通"是受区政府委托开放的线上平台，虽然平台的板块架构、界面功能以及代码编写由上海鲸邻信息科技有限公司完成，但实际上平台的设计思路是委托方区政府决定的。这就意味着，"社区通"运行的目标任务由区政府决定。如区政府提出"社区通"运行中要形成"即时反应、线上线下联动、制度保障、工作监督、数据分析研判"等工作机制，并将如何回应群众、处置问题等形成量化指标并纳入居村委工作人员的考核体系。

其次，观察权。区级和镇政府享有不同程度的观察权。区级层面可以实时查看 B 区所有上线居村的数量、上线人数和亮出身份的党员数量，巡查镇的上线情况以及镇域内任何一个居村委的平台情况。镇层面的管理人员可以查看辖区内居委和村委的上线数量、上线人数以及党员人数，在居村列表中概览各居村的上线情况和平台运行情况。区镇两级政府运用观察权，实现了"我的区域我管理、我的区域我了解"，实时掌控居村的平台运行情况②。

再次，检查验收权。区级和镇政府享有不同程度的检查验收权。区政府在设定"社区通"平台运行目标的基础上，检查验收居村的任务完成情况。检查的内容包括居村委员会运用"社区通"平台组织社区党建、提供社区服务、引导居村民参与社区事务、处理社区矛盾等的具体情况。区级部门分片

---

① 虽然居村委员会不在政府序列中，但它是国家权力在社区的延伸，人员考核、激励方式也与政府部门类似。因此本书用周雪光分析不同层级政府间的权力分配模型来分析区—街镇—居村间的权力配置。参照周雪光，练宏.中国政府的治理模式：一个"控制权"理论[J].社会学研究，2012,27(5):69-93.

② 黄晓春.技术治理的运行机制研究——关于中国城市治理信息化的制度分析[M].上海：上海大学出版社,2018:243.

联系镇,镇领导和部门分片联系居村,依托观察权每天至少三次网上巡查,并定期抽查,检查监督居村的"社区通"平台运行情况。

"社区通"平台在网络空间再造出科层制中权限分级、责任明晰的组织架构。在区—镇—居村的三级架构中,区政府是委托方(发包方)行使目标设定权,将"社区通"运行的政策目标和任务发包给管理方(中间方)即镇政府,镇政府再发包给代理方(承包方)就是居村委员会。区级和镇政府运用观察权和检查验收权,保证代理方能够按照"承包契约"完成目标任务。为了保证任务完成,委托方(区政府)和管理方(镇政府)向代理方(居村委员会)施加压力,层层加码。一些学者在实证研究中发现,管理方利用技术治理将压力转嫁到基层,而基层干部运用各种手段释放压力、规避责任和风险,甚至出现了社区治理的数据和指标空转的情况,基层服务的理念在一定程度上被异化①-②。

(二)搭建横向协调、整合机制

2000 年以来,上海市就一直强调在城市社区建设政府部门间高效协同的重要性。2004 年,上海市委发布的文件中提出要"进一步理顺条块关系""完善工作协同机制"③。研究者认为,2000 年以前,上海市主要依靠行政放权和分权来推动横向部门合作,以"块"整合"条"。这种垂直的、封闭的整合并没有形成条块之间利益共享、行动协同的动力机制,彼此缺乏提供资源的积极性,因此资源难以在条块之间顺畅流动。2000 年以后,上海市的改革倡导建立一种新的开放式的横向互动机制,条块之间以利益共享为基础,资源虽互不隶属,但可以共享、灵活配置④。"社区通"正是上海市新一轮社区行

① 雷望红.被围困的社会:国家基层治理中主体互动与服务异化——来自江苏省 N 市 L 区 12345 政府热线的乡村实践经验[J].公共管理学报,2018,15(2):43 - 55.
② 张现洪.技术治理与治理技术的悖论与迷思[J].浙江学刊,2019,57(1):160 - 165.
③ 上海市委.中共上海委关于加强社区党建和社区建设工作的意见[Z].2004.
④ P 区劳动与社会保障局编写.2004 年社区建设会议材料汇编(上海市委组织部调研课题稿,内部材料)转引自黄晓春.技术治理的运行机制研究——关于中国城市治理信息化的制度分析[M].上海:上海大学出版社,2018:128.

政部门改革过程中实现块对条整合,促进新型横向协调机制形成的新平台。

"社区通"实现了资源的跨部门聚合,将涉及民生服务、社会治理、基层党建的组织、宣传、民政、公安、网格、房管、城管、绿化市容、卫生、农委、工青妇等各部门加入平台,可以对综合性问题开展"线上会诊",实现"服务在一线配送,问题在一线解决"。而且,镇层面定期召开联席会议,各个部门共同探讨"社区通"的难点问题与解决对策。城乡接合部社区的人口结构复杂、居民诉求差异大,只有政府各部门整合资源、协同合作,才能利用有限的行政资源提供更多的公共产品。"社区通"使各个部门聚合为一个相互匹配、协调整合的系统。

第三节 "社区通"治理实践中的国家与社会互动机制

"社区通"平台,将城乡接合部社区所在的政府、社会组织、企业、居民纳入一个共同的网络空间中,在这个新的公共空间中国家和社会如何互动?信息技术怎样改变着国家与社会的关系呢?对于这个问题,并没有一个统一的标准答案。

第一种观点认为,信息技术赋权国家。劳伦斯·莱斯格(Lawrence Lessig)认为,政府通过控制底层代码和塑造网络运行的合法环境来管控网络。他所说的"代码"指的是法规、社会规范、市场和互联网自身的结构这四个基本要素的结合。代码编写者以允许某些行为或禁止某些行为的方式来塑造网络空间。那么,谁来控制代码编写者呢?很显然是政府。也就是说,政府通过直接管理中间人,如互联网服务提供商(ISPs)和互联网内容提供商(ICPs),间接管理互联网①。詹姆斯·博伊尔(James Boyle)援引福柯的思

---

① LESSIG L. Code and other laws of cyberspace[M]. New York: Basic Books, 1999.

想,提出国家运用多种监督技巧实现有效的网络审查①。香提·卡拉希尔(Shanthi Kalathil)和泰勒·鲍尔斯(Taylor Boas)等西方学者认为,互联网很有可能加强国家的威权主义政权,而不是削弱它②。华玉洁(Gudrun Wacker)在关于互联网审查的研究中,提出也得出了类似的结论。作为互联网发展的设计者,政府采用福柯所说的"正式的"和"非正式的"手段控制互联网的影响③。

第二种观点认为,信息技术赋权社会。关婷等指出,信息公开、信息流通与信息应用方面的技术创新提升了社会组织和公众获取信息的能力与范围,降低了治理过程中的信息不对称,推动了治理主体间的沟通与互动,促使社会结构、关系与资源重组,引发新的社会形态产生④。文军和高艺多认为,新媒体的普及极大地扩展了民众自由表达的渠道和社会效应⑤。杨国斌的实证研究也发现网络促进了公共辩论和问题传播,公众借由网络展现出了监督政府的能力⑥。信息技术赋权社会也为建立公民权利保障机制创造了条件⑦。不过,也有学者注意到信息技术对社会的负面影响,如信息技术的运用导致不同群体间的冲突加剧,工具理性会消解社会主体性引发基层

---

① 转引自 WACKER G. The internet and censorship in China[C]// HUGHES C R, WACHER G. China and the internet: politics of the digital leap forward. London: Routledge Curzon, 2003: 58-82.

② KALATHIL S. BOAS T.C. Open networks, closed regimes: the impact of the internet on authoritarian rule[M]. Washington, DC.: Carnegie Endowment for International Peace, 2003: 136.

③ GUDRUN W. The internet and censorship in China[C]// HUGHES C R, WACHER G. China and the internet: politics of the digital leap forward. London: Routledge Curzon, 2003:58-82.

④ 关婷,薛澜,赵静.技术赋能的治理创新:基于中国环境领域的实践案例[J].中国行政管理,2019, 35(4):58-65.

⑤ 文军,高艺多.技术变革与我国城市治理逻辑的转变及其反思[J].江苏行政学院学报,2017,17 (6):47-56.

⑥ YANG G. The internet and civil society in China: a preliminary assessment[J]. Journal of contemporary China, 2003,12 (36): 453-475.

⑦ 王小芳,王磊."技术利维坦":人工智能嵌入社会治理的潜在风险与政府应对[J].电子政务, 2019,16(5):86-93.

社区自主性和公共性的双重弱化①。

　　还有一种观点认为,信息技术向国家和社会都进行了赋权,促使双方相互改造,重塑"国家—社会"关系。郑永年认为,信息技术为国家和社会相互靠近或摆脱创造了一个新的平台,两者形成了一种递归关系。网络的分权属性打破了国家对信息的垄断,为数字化公民的形成提供了可能性。原子化的个体被连接起来,成为约束和塑造国家权力的一股力量。一方面,网络的公共讨论会对政府形成巨大压力。另一方面,当改革派领导人认可这种压力的方向时,网络群体的社会创议就很有可能被接受,进而成为政策转变的力量。这样,网络群体的主张成功了,同时帮助领导层改变现行的政策实践②。

　　在"社区通"的治理实践中,国家与社会又将如何展开互动呢?

一、国家权力:引领、约束与吸纳

　　"社区通"是由区政府牵头,以移动互联网为基础、以居村党组织为核心、以城乡居民为主体、相关各方广泛参与的党建引领的社会治理工作系统。这就意味着国家是"社区通"推进中的主导力量。那么,国家权力又是如何通过"社区通"进入社会的呢?

　　(一)党组织引领动员

　　黄宗智认为,中国选择了一条与西方迥异的国家治理路径,即通过高度组织化、集中化的党组织来动员民众,推进国家机器现代化③。近年来,尤为强调党组织对基层治理的引领作用。2019 年 5 月,中共中央办公厅印发的《关于加强和改进城市基层党的建设工作的意见》指出:"城市基层党组织是党在城市全部工作和战斗力的基础……加强和改进城市基层党建工作,把

---

①　张福磊,曹现强.城市基层社会"技术治理"的运作逻辑及其限度[J].当代世界社会主义问题,2019,37(3):87-95.

②　郑永年.技术赋权:中国的互联网、国家与社会[M].北京:东方出版社,2014:187.

③　黄宗智.国家—市场—社会:中西国力现代化路径的不同[J].探索与争鸣,2019,35(11):42-56.

城市基层党组织建设成为宣传党的主张、贯彻党的决定、领导基层治理、团结动员群众、推动改革发展的坚强战斗堡垒。"[①]"社区通"的设计理念正是回应了这一诉求。在社区中,居村党组织负责"社区通"的实施领导和运行管理,发挥政治引领、思想引领、组织引领和工作引领的作用。居村党组织在"社区通"平台在线直播党的工作,如实时推送社区微党课,宣传党的政策,传递党的声音。2018 年,G 镇各居村在"社区通"全程同步推进党组织换届,扩大党员的参与度和群众的知晓度。居村党组织还成为居村民主张利益诉求的渠道。居村书记 24 小时待命,居村委干部和社区工作者轮班在线,对居村民提出的各类诉求即时回应、及时协调、快速处置、跟踪反馈,线上线下全天候联系服务居村民。吴淞新城居民在"社区通"上发布"广场变菜园"的问题帖,第一时间得到党总支回复,党总支联合城管中队、网格化中心、物业公司开展集中整治,第二天就让损坏的绿化带恢复原貌。通过这些措施,党组织不再是一个抽象的"卡里斯玛",而是一种具象的存在[②]。居民能够真切地感受到党组织的力量,党的权威渗透进基层社会。党对基层社会的引领,还体现在为基层党员服务群众搭建平台上。G 镇的各级党委要求党员在"社区通"平台上"亮身份、受监督、起作用",使原本与社区连接较为松散的在职党员积极地参与社区事务,党员在网上亮出身份、关心小区事务、带头整治环境、服务困难群众。

(二)居民参与全流程约束

虽然"社区通"积极鼓励居民参与,但是却严格约束居民参与的流程和方式。首先,划小管理单元。"社区通"平台设计的系统架构是"居村为单元、全区大系统",即每个居村相互独立,形成一个个小的治理单元,在此基础上,每个镇(园区)构成一个大的治理单元,全区形成一个完整的工作系

---

① 中共中央办公厅.关于加强和改进城市基层党的建设工作的意见[N].光明日报,2019 - 05 - 09
(3).
② 田先红.政党如何引领社会? ——后单位时代的基层党组织与社会之间关系分析[J].开放时代,
2020,39(2):118 - 144.

统。各居村之间的数据严格隔离,平台采用加密方式实现系统管理数据、鉴别信息和敏感数据传输、存储的保密性,通过身份鉴别、访问控制、通信保密性、软件容错、资源控制、应用防火墙等措施保障应用安全。其次,实名认证注册。每个小区设置独立的二维码,居村民微信扫码注册,填写姓名、身份证号、具体住址,经居村委会实名认证、审核通过后成为用户。确保上线的是"真正的邻居们",发布的是"真切的邻里事",让居村民摘下"网络面具",更慎重地参与。再次,掌握协商议事关键环节的"把关权"。通过"社区通"平台,社区建立"提出议题—把关筛选—开展协商—形成项目—推动实施—效果评估—建立公约"的自下而上的协商议事操作链,鼓励居民根据自身需求和社区问题提出议题、参与协商,引导居民自我管理、自我教育和自我监督。不过协商议事中的"提出议题""开展讨论""形成决策"等关键环节的"把关权"掌握在基层党组织的手中,保证了党组织对居民自治过程的领导权。无论是划小管理单元、实名认证注册,还是掌握协商议事关键环节的"把关权",都是国家权力通过技术治理实现对社会有效约束的手段。"国家用权力技术构建出微观情境规训个人,用政策的宏观机制引导人们流动和交往的模式。"[①]这样,既可以配合国务院和国家建设部关于社区自治的精神,又可以防止在特殊情况下网络意见在失控状态下"滚雪球"式扩散[②],减少治理风险。

(三) 吸纳社区积极分子参与

"社区通"进入城乡接合部社区初期,最重要的是吸引更多的居民注册使用,即"吸粉"。B区培养了一支志愿者队伍,在各社区开展"老年人手机使用培训""上门教您用微信"等活动,指导帮助社区居民,尤其是老年人,申请、认证、加入"社区通"平台。不仅如此,志愿者是社区活动的积极响应者。G镇馨家园大型居住社区通过"社区通"征集居民需求、招募志愿者。根据

---

① 彭亚平.照看社会:技术治理的思想素描[J].社会学研究,2020,35(6):212 - 236.
② 黄晓春.技术治理的运行机制研究——关于中国城市治理信息化的制度分析[M].上海:上海大学出版社,2018:244.

大型居住社区的需要,搭建志愿服务项目平台,包括"居民共同参与社区治理"平台、"发现、解决和预防问题"平台、"文艺风采展示生活"平台和"特色志愿服务"平台。这里所说的志愿者,并不完全等同于西方式志愿主义的志愿者,更合适的说法是社区积极分子。他们积极为邻里提供服务,不仅仅是关心公益,也为人情所限。互惠性交换、对社会交往的心理需求以及人情与面子等因素,是积极分子"积极"参与社区事务的深层次原因①。积极分子在传统的政治社会结构中一直具有重要的地位②。当社区出现新鲜事物时,积极分子的示范和推动会带动社区居民参与进来。只有借助积极分子与居委会和居民的良好人际关系,国家权力才有可能渗透到基层社会③。

二、基层社会:依赖与渗透

随着"社区通"在 G 镇的普及,越来越多的居民在平台上注册,"社区通"成为城乡接合部社区居民参与基层治理、与政府沟通的媒介。在国家权力借由"社区通"进入基层社会的同时,基层社会又如何通过"社区通"塑造国家呢?

（一）维权:社会对国家权力的依赖

一些学者发现,社会为了生存和发展会主动寻求国家权力的支持。肯尼斯·福斯特指出,一些民间社会组织会主动寻求国家行政体系的吸纳④。张紧跟、庄文嘉提出,与政府部门建立良好的关系,有助于社会组织获得合

---

① 桂勇.邻里政治:城市基层的权力操作策略与国家—社会的粘连模式[J].社会,2007,27(6):102-126.
② SOLOMON R H. On activism and activists: maoist conceptions of motivation and political role linking state to society[J]. The China quarterly, 1969,39 (Jul.-Sep.):76-114.
③ 桂勇.邻里政治:城市基层的权力操作策略与国家—社会的粘连模式[J].社会,2007,27(6):102-126.
④ FOSTER W K. Associations in the Embrace of an Authoritarian State: State Domination of Society? [J]. Comparative International Development ,2001,35(4):84-109.

法性,营造有利的政治空间①。王汉生指出,社会团体在独立性和行动力方面的有限性决定了他们在遭遇企业这样机构健全、行动能力强的行动者时必须借助国家的权威,引入国家话语和法律证实自身的合法性②。盛智明发现,业主积极分子向体制靠拢,甚至成为体制内平台组织的成员,方便使用体制力量协助解决社区问题③。

因此,社会对国家权力的依赖,其实是一种考量了自身利益诉求后的行动策略。G镇文宝苑小区物业公司的管理和服务存在疏漏,居民在"社区通"上发起投诉,如服务态度不好,不及时处理居民报修,保洁垃圾处理不到位等。2018年1月,物业公司的服务合同即将到期,对于是否续聘,居民意见不一。相对于物业公司来说,居民处于弱势地位。在这种情况下,居民借助党组织的力量向物业公司施压。于是,由居民区党组织牵头,依托"社区通",探索在线监管模式,让居民成为物业工作的监督员,督促物业公司提高工作效率和服务水平。物业公司的工作人员也通过"社区通"的"业委连线""左邻右舍"等板块发帖,与居民互动,及时了解居民的需求和意见。物业公司的服务大为改善,得到了大部分居民的认可。2017年12月起,在居民区党组织的领导下,居委会和业委会启动了物业公司的聘任工作,全程通过"社区通"同步报道,尤其是各类会议、上门征询等重要通知的发布,让居民及时了解聘任工作的全过程。在完成党员、楼组长座谈会、业主代表大会以及上门征询等法定程序后,2018年1月17日,居委会和业委会召开"续聘物业表决会",邀请了5位对物业服务不满意的业主代表现场监督,当场统计征询表并公布续聘结果。"社区通"第一时间发布了续聘物业服务企业方案的表决结果,让全体业主及时知晓。

① 张紧跟,庄文嘉.非正式政治:一个草根NGO的行动策略——以广州业主委员会联谊会筹备委员会为例[J].社会学研究,2008(02):133-150.
② 王汉生,吴莹.基层社会中"看得见"与"看不见"的国家——发生在一个商品房小区中的几个"故事"[J].社会学研究,2011,25(01):63-95.
③ 盛智明.制度如何传递?——以A市业主自治的"体制化"现象为例[J].社会学研究,2019,34(06):139-163.

国家介入物业公司的选聘过程，作为居民的保护者和裁判者，为小区居民提供制度、组织、合法性等资源，"使得国家在基层社会的合法性被重复确认并再次生成出来"①。而借助国家的权威，居民在维权行动中也实现了自身的利益诉求。

（二）回应性参与：社会渗透下的国家

政府回应性指政府行为符合公民意见的程度②。有学者发现，中国政府已经有意识地利用公民意见数据为社会、经济和外交政策提供参考，而且在政策制定时广泛利用社会媒体、网络调查和抽样调查来收集公众意见③。在基层治理中，政府的回应性直接决定着居民对基层治理的认知和态度，影响居民参与的积极性。

G镇借助"社区通"平台，通过增强回应性动员居民参与惠民政策的实施。B区老旧小区的燃气管道严重腐蚀老化，存在一定的安全隐患。2018年，区政府实施更换燃气内管的惠民实事工程。居民区党组织第一时间在社区通上发布公告，告知居民改造工程的具体情况，并随时发布施工进度及施工期间的注意事项。居民也通过"社区通"平台向居委会反馈意见，监督施工进程。在工程开展期间，对于居民的线上线下诉求，居委会通过社区通平台及时回复、处理。政府的有效回应激发了居民的积极参与，而居民的主动参与又塑造着政府的政策执行方式。

回应性参与不仅塑造了城乡接合部社区所在的基层政府的政策执行方式，也创新了基层政府的公共服务供给方式。自从提出建设服务型政府，政府越来越重视公共服务和社会治理。基层政府围绕经济指标的竞争格局逐

---

① 王汉生，吴莹.基层社会中"看得见"与"看不见"的国家——发生在一个商品房小区中的几个"故事"[J].社会学研究，2011,25(1):63-95.

② ROBERTS A, KIM B. Policy responsiveness in post-communist Europe: public preferences and economic reforms[J]. British journal of political science,2011,41(4):819-839.

③ THORNTON P M. Retrofitting the steel frame: from mobilizing the masses to surveying the public[C]//PERRY E J, HEILMANN S. Mao's invisible hand: the political foundations of adaptive governance in China. Cambridge: Harvard University Press, 2011:237-268.

步淡化,而转向治理创新和服务创新的新型创新竞争格局日益凸显①②。是否能够准确把握不同群体的需求,并对需求进行动态管理,是服务创新的关键。G镇借助社区通平台,形成了线上线下联动的居民需求提出与反馈机制。居民可以在"社区通"的"左邻右舍"模块里的"身边事"发布自己的需求或问题,也可以针对其他居民提出的需求进行评论。对于居民在社区通平台提出的问题和需求,基层干部及时回应,并联系居民进一步收集信息。同时,建立问题的分层分类处置机制,在社区权限范围内能解决的,由社区两委组织召开会议,社区各主体协商解决;超出社区权限的,由镇的管理部门解决;历史遗留的需求,约请相关政府职能部门共同协助完善解决;实在难以解决的需求,纳入平台中长期跟踪解决。

G社区的居民J阿姨在"社区通"平台提议,将一块废弃的大概300平方米的荒地改造成一块供人休息、种植一些瓜果蔬菜的世外桃源。提议一发布就得到了居民的热议和点赞,五百多名居民参与线上讨论投票。社区两委立即回应,社区党支部召开了四轮征询会,与居民共同商讨具体的方案。社区两委把三种方案发布在社区通上,根据居民投票选出居民最认可的一种方案。方案确定后,社区内的建筑设计达人操刀荒地改造,社区两委发动居民协助改造。该项目从计划到建成,居民参与热情"从未有过的高涨"。现在,"世外桃源"已经建成,不仅居民有了休闲娱乐的好去处,而且这块荒地还有了额外收益,荒地开发出来的种植园,由居民自主管理,居民约定将种植成熟的作物分送给困难家庭和老人。利用社区通平台的交互式、快捷性优势,回应性参与促使基层政府逐步形成自下而上的居民需求收集模式,公共服务更加精准化和高效化。

镇政府借助"社区通"平台实现了对居民多元需求的回应,弱化了政府

---

① 李友梅.我国特大城市基层社会治理创新分析[J].中共中央党校学报,2016,20(2):5-12.

② 何艳玲,李妮.为创新而竞争:一种新的地方政府竞争机制[J].武汉大学学报(哲学社会科学版),2017,88(1):87-96.

科层组织与复杂社会制度环境之间的张力[①]。然而,"社区通"的全面运用和自身的持续扩张加大了基层的压力。镇政府要求居村两委对居村民在"社区通"上提出的各类诉求即时回应、及时协调、快速处置、跟踪反馈。显然,政府对居民需求的高回应性是建立在基层承担了大量回应职责的基础之上的。上级不仅规定了基层回应的速度,还限定了基层回应的方式。"社区通"的模块化设计统一了基层回应的入口和界面,反馈过程被高度标准化,限制了基层个性化行动的可能,压缩了基层自由裁量的空间。再加上围绕"社区通"运作的绩效考核,上级政府具备了对基层"'一竿子到底'的动员能力和控制能力"[①]。但是,很多问题超出了基层的权限,转移到基层的问题最终也得不到解决,只能来回空转。而且,上级政府将治理任务分解下放给基层的同时,也将治理风险分散到了基层。作为承担全面职责的基层,为了释放压力、规避风险,不得不采取一些策略性手段,这使得运用信息技术提高治理绩效的目标大打折扣。

　　那么,运用信息技术实现城乡接合部社区治理多元主体协同的目标是否实现了呢? 与政府的科层制结构相比,依托信息技术的"社区通"平台可以打破政府部门的专业化分工,根据城乡接合部社区居民需求混合重构,实现政府部门在不同任务中的灵活分工和协调合作。并且借助居民反馈,做到针对居民需求的过程管理和质量监督。但在实际运行中,一方面,"社区通"平台在网络空间再造出科层制的"区—镇—居村"组织结构。虚拟空间的结构只是真实世界的映射,没有触及行政体制中的权责设置、协调机制等制度性问题,"并未从根本上改变行政权力运行的布局和机制"[②]。另一方面,"社区通"平台将居民参与引流到社会管理和公共服务领域,居民参与的机会只是选择性的开启,而且参与的形式和内容也被限定。

---

① 宋锴业.中国平台组织发展与政府组织转型——基于政务平台运作的分析[J].管理世界,2020,36(11):172-194.

② 渠敬东,周飞舟,应星.从总体支配到技术治理——基于中国30年改革经验的社会学分析[J].中国社会科学,2009,30(6):104-127.

第六章

特大城市城乡接合部社区治理：运行逻辑与路径创新

2021年4月8日，国家发展改革委印发了《2021年新型城镇化和城乡融合发展重点任务》的通知（发改规划〔2021〕493号），提出要"转变超大特大城市发展方式，提升城市建设与治理现代化水平""在中心城区周边科学发展郊区卫星城，促进多中心、组团式发展，实现产城融合和职住平衡"。特大城市城乡接合部的社区治理改革将会迈入新的阶段。可以预见的是，政府体系内部上下级间的规训与博弈，国家与社会的吸纳与渗透，都会被裹挟在这一改革的进程中，相互碰撞①。在前文中，本研究对特大城市城乡接合部社区的特征和基层政府的结构制约进行分析，并以征地拆迁和"社区通"实践两个案例，窥探特大城市城乡接合部社区治理运行的一角，试图呈现其中运行的各种张力。

---

① 狄金华.改革在途——地方政府的社会治理创新及其扩散[M].北京：社会科学文献出版社，2019：214.

第一节　基层治理：结构、权力与行为的逻辑

本研究运用结构—权力—行为的分析框架，对特大城市城乡接合部社区运行中国家与社会的互动机制展开深入分析，得出了以下结论。

首先，基层政府的行为与行政体制的激励和约束密切相关。根据委托—代理理论，当作为委托方的上级政府和作为代理方的基层政府信息不对称和目标不一致时，上级政府的激励与约束尤为重要。近年来，基层政府承担的各类治理任务不断增加，尤其是特大城市城乡接合部社区所在的镇政府，要面对城乡并存的混合型社区样态、人口结构和利益关系复杂的社区主体和兼具城乡社区治理需求的社区事务，治理的难度和工作量可想而知。但是与之相匹配的行政资源并没有呈现出相应的灵活性①。对于基层政府来说，预算外收入可以有效地缓解治理任务和行政资源匹配性不足带来的治理压力。通过征地拆迁获得土地收益是镇政府获取预算外收入的主要途径。除了经济收入的激励，镇政府还能获得上级给予的政绩肯定和晋升奖励。由此可以理解为什么镇政府对征地拆迁表现出极高的热情，甚至跟一些"钉子户"妥协、退让以推进项目。当然，行政体制也通过统一管理、日常监督、年终考核的方式约束镇政府的行为，如果镇政府不能按期完成任务，或者发生违规行为，抑或发生了由征地拆迁引发的群体性事件，镇政府的官员要承担相应责任。

十八大以后，基层政府的职能结构开始深度调整，从以经济职能为主向多目标任务体系转变②。公共服务与社会治理职能在政府职能结构中的比重迅速上升，围绕服务创新和治理创新的新型竞争日益凸显。由于公共服务和社会治理的产出缺乏清晰的测量指标，如何推动基层治理创新，并在同

---

①　陈那波,李伟.把"管理"带回政治——任务、资源与街道办网格化政策推行的案例比较[J].社会学研究,2020,35(4):194-217.

②　黄晓春,周黎安."结对竞赛"：城市基层治理创新的一种新机制[J].社会,2019,39(5):1-38.

级政府的竞争中脱颖而出,成为各级政府要面对的核心问题。在这种背景下,各级政府把注意力投向了依托信息技术搭建的网络互动平台,期待它能带来公共服务和社会治理的全新机制。在新型竞争的激励下,像"社区通"这样的网络互动平台轮番登场。上级政府通过技术平台强化了对基层政府的过程监控与结果考核。基层政府的行动空间被压缩,责任约束硬化。标准化的模块设计没有考虑到城乡接合部社区的特殊性和复杂性,基层政府面对的治理任务与资源的张力进一步扩大。为了释放压力、规避风险,基层政府采取策略性手段应对,导致问题的根源不能被有效识别和处理,产生治理偏差[①]。

其次,国家和社会在基层治理中交互重叠、相互塑造。国家权力的触角并非能够直接延伸到基层社会,需要"第三领域"充当桥梁。它们执行上级政策,推进公共服务和社会治理,也处理社区纠纷,既代表国家政策,也代表社区利益。在征地拆迁中,村干部是镇政府与动迁村民谈判的主要参与者和推动者。他们既利用亲缘、血缘关系和共同的村社情感给村民做工作,动员村民签约,又要保证村民的合法利益不受侵害。在"社区通"实践中,居村的党委书记是第一责任人,负责落实"社区通"领导小组的工作要求,对居民在平台上提出的各类诉求即时回应、及时协调、快速处置、跟踪反馈,还要与镇政府、各条线部门定期沟通,研究"社区通"推行中的难点问题和解决对策。可见在基层政治中,国家与社会之间的边界是模糊的。国家吸纳社会力量参与社会治理,协同合作,缓解不断膨胀的治理任务给紧缺的行政资源造成的压力,社会也通过参与治理,维护自身利益。

国家与社会又是相互塑造的。国家制定规则,并运用权力技术执行规则,规训社会,影响社会的基本结构。在征地拆迁中,国家制定拆迁补偿政策,规定补偿安置的标准和征地拆迁的程序,如土地和房屋如何补偿、动迁

---

① 陈天祥,徐雅倩.技术自主性与国家形塑——国家与技术治理关系研究的政治脉络及其想象[J].社会,2020,40(5):137-168.

村民的就业和社会保障如何安排、补偿争议如何处理等。国家权力要求动迁村民服从征地补偿安置的制度安排,如果出现强硬的"钉子户",政府则使用强制权力对"钉子户"采取强制措施。信息技术在社会治理领域中的运用,让一些学者看到了国家与社会关系调整的可能性。的确,技术向国家和社会赋权,但是由此带来的收益分配却不是均衡的。借助信息技术手段,国家可以将权力意志以标准化的形式传递给社会①,强化与基层社会的直接沟通能力②。通过"社区通"之类的网络互动平台增加的公众参与也是国家在场,限定了内容与形式的参与。国家还将公众参与引导到社会治理和公共服务领域,并主要鼓励居村层次的参与,因为这一层次涉及的是居住区域的环境、卫生、设施管理以及日常生活中居民的自我管理。而更高层次的参与会涉及公共资源配置、公共财政使用、区域性公共问题,公共意见的讨论平台会对政府形成较大压力。然而,国家并不是不受约束的,同样被社会限制和改变着。在征地拆迁中,动迁村民的行动既影响了镇政府的征地拆迁补偿政策,又在某种程度上决定了镇政府采用何种治理技术执行政策。如镇政府为了尽量缩小不同时间的征地拆迁项目之间的补偿差异,则减少动迁安置补偿标准的调整幅度和频次,使其变化远低于土地市场价格变化。而当动迁村民采取违规、拖、比较、强调"弱者"身份的方式与镇政府讨价还价时,镇政府运用非正式的治理技术,如逐个应对、"磨"、前置承诺、人情交换、找平衡等不同方法。在"社区通"实践中,信息技术的运用对国家与社会的互动机制产生了复杂而微妙的影响。信息技术增强了公众获取信息的能力,使公众监督政府行为变得更加容易。因此,政府更加重视政策设计及政府行为是否符合公众期待。政府通过网络互动平台收集公众意见,为制定政策提供参考。在政策执行的过程中也更加注重对公众诉求的回应。

---

① 韩志明.技术治理的四重幻象——城市治理中的信息技术及其反思[J].探索与争鸣,2019,35(6):48-58.

② 雷望红.被围困的社会:国家基层治理中主体互动与服务异化——来自江苏省 N 市 L 区 12345 政府热线的乡村实践经验[J].公共管理学报,2018,15(2):43-55.

再次,行动者通过权力互动再生产出了动态的权力关系和新的基层社会权力秩序。为了缓解治理任务与行政资源匹配不足带来的治理压力,也为了在同级政府的"锦标赛"竞争中取胜,特大城市城乡接合部的基层政府以各种方式生产自身的权力运作空间。而社会力量也不是被动的政策接受者,它们依据自身的权力资源,采取种种行动策略与基层政府互动,争取自身利益最大化。每一方不断运用自身权力影响对方决策,并且尽可能地利用对方资源实现自身目标,最终重构了权力关系和基层社会的权力秩序,基层政府与社会从控制与服从关系变为双向互动关系。在征地拆迁中,镇政府掌握着征地拆迁政策的再生产权与执行权,因此控制着影响动迁村民的关键性核心资源,在实际的权力关系中拥有更大的影响力。在"社区通"实践中,信息技术改变着基层政府与社会之间的权力关系。借由信息技术政府强化了对社会的权力效能,社会也获得了新的权力空间,但是它们之间今后的权力关系如何演化,还有待进一步观察和深入分析。

第二节　特大城市城乡接合部社区协同治理路径的思考

一、党建引领推动跨部门、跨体系协同

中国共产党在中国的现代化进程中,发挥着特殊的作用。运用党建机制可以化解基层治理中行政部门之间、政府与社会力量之间的协同难题。十九届五中全会提出要"发挥党委总揽全局、协调各方的领导作用""构建党组织领导的区域统筹、条块协同、共建共享的基层社会治理工作新格局"。在特大城市城乡接合部治理实践中,主要从以下几方面入手:第一,党组织推动政府内部各层级、各部门跨部门协同。明确从中央到省、市、县、乡各级党委的职能定位,优化多层级治理体系分工,形成权责明确、高效联动、上下

贯通、运转灵活的社会治理指挥体系①。开展城乡接合部区域化党建，整合辖区内各职能部门，克服条块分割带来的治理问题，提升治理效能。第二，党组织推动基层政府与社会力量跨体系协同。借助党的统合功能，通过个体吸纳和组织嵌入的方式，将城乡接合部驻区企业和社会组织统合到政党体系中。党发挥监督、协调、引导的作用，帮助企业和社会组织打破体制内外限制，最大限度地整合资源，提升组织效能。尤其是党组织嵌入，可以促进政府与社会力量的互动组织化、制度化、常态化，形成新型的政社互动机制②③。除此之外，还要提炼特大城市城乡接合部治理党建引领的协同机制。聚焦特大城市城乡接合部治理实践中党建引领推动跨部门、跨体系协同的典型案例，提炼出该类社区党建引领协同机制的运行逻辑，以及有效运行的制度条件，将党从"国家"的分析框架中分离出来，丰富中国独特治理路径的理论认识④。

二、重塑基层政府的灵活性，实现行政体系纵向整合

在特大城市城乡接合部治理改革中，行政体系对镇政府的控制不断强化。镇政府的治理模式从行政发包制向科层制转变，但是上级的行政发包和运动式治理并未同步调整，镇政府的行动空间缩小，缺乏足够的灵活性与弹性去应对不断膨胀的治理任务，治理任务与治理资源的张力不断扩大。因此，需要在权责界定、资源配置、政策设计三个维度进行探索，重塑基层政府的灵活性。

第一，厘清各级政府的权责边界，形成清晰化、制度化的分权模式。党的十八届三中全会明确提出，"推行地方各级政府及其工作部门权力清单制

---

①　李友梅.中国现代化新征程与社会治理再转型[J].社会学研究,2021,36(2):14-28.

②　何轩,马骏.党建也是生产力——民营企业党组织建设的机制与效果研究[J].社会学研究,2018,33(3):1-24.

③　李朔严.政党统合的力量:党、政治资本与草根NGO的发展基于Z省H市的多案例比较研究[J].社会,2018,38(1):160-185.

④　李友梅.治理转型深层挑战与理论构建新方向[J].社会科学,2020,42(7):3-8.

度,依法公开权力运行流程"。权力清单是对各级政府和各个部门的权力数量、种类、运行程序、适用条件和行使边界等予以详细统计,形成目录清单①。权力清单按照"清权、减权、制权、晒权"的程序编制,清权和减权是对各级政府权力边界的重新勘定,制权和晒权是向社会公开各级政府合法行使行政权力的范围。权力清单实现了政府权责配置的制度化、清晰化和可视化,打破了目前分权的模糊性和选择性。这样,既可以制约上级政府通过运动式治理向基层政府加码职责的倾向,又可以约束基层政府的选择性执行等变通行为,缓解发展活力与发展秩序之间的张力②。不过,从一些地方的治理实践来看,清单制并没有对上级政府起到"硬约束"的作用。因此,还需要形成层层衔接的行政事务流转把关机制,对上级政府下达的事务进行过滤和筛选③。第二,建立与基层政府治理压力相匹配的资源体系。"推动治理重心下移,尽可能把资源、服务、管理放到基层,使基层有人有权有物,保证基层事情基层办、基层权力给基层、基层事情有人办"④,以缓解基层政府治理压力与治理资源之间的张力。第三,为基层政府预留弹性空间。上级政府制定的政策注重为镇政府提供方向性指引和约束,而政策执行的具体方式和路径则鼓励镇政府根据城乡接合部的实际情况探索创新,赋予基层更多的自主性,提升基层政府的灵活性。同时,优化政策执行的容错机制。党的十九大之后,"建立激励机制和容错纠错机制"已经成为政府改革的一项重要内容,重点在于明确变通的错误边界,将基层政府的无序变通纳入制度化的有序变通轨道⑤。

---

① 程文浩.国家治理过程的"可视化"如何实现——权力清单制度的内涵、意义和推进策略[J].人民论坛·学术前沿,2014,3(9):90-95.
② 解胜利,吴理财.从"嵌入—吸纳"到"界权—治理":中国技术治理的逻辑嬗变——以项目制和清单制为例的总体考察[J].电子政务,2019,16(12):95-107.
③ 黄晓春,嵇欣.当代中国政府治理模式转型的深层挑战——一个组织学视角的分析[J].社会科学,2018,40(11):49-61.
④ 中共中央关于深化党和国家机构改革的决定[N].人民日报,2018-3-5(3).
⑤ 张翔.基层政策执行的"共识式变通":一个组织学解释——基于市场监管系统上下级互动过程的观察[J].公共管理学报,2019,16(4):1-11.

三、激发基层社会的自主性，实现社会横向整合、纵横协同

中国的社会力量成长存在着独特的现实逻辑。一是社会力量在国家权力的"照看"下发育，国家权力深入影响基层自治与社会力量的生长进程。二是社会力量被当作政府化解自身灵活性不足的"场外援助"，政府优先考虑体制内诉求，忽略了社会力量的长远发展和整体制度设计，而社会力量的生产过程受到政府治理逻辑的过多影响，本身的诉求和价值被遮蔽①。十九届五中全会提出，要"实现政府治理同社会调节、居民自治良性互动，建设人人有责、人人尽责、人人享有的社会治理共同体"②。为了实现这一目标，社会力量必须要具备自组织能力，发挥在特大城市城乡接合部治理中的主体作用。同时，社会力量相互连接、协同合作，并与政府建立协同机制，相互支撑，形成多层次、立体化的基层社会治理网络。具体来说，主要从以下几方面入手：

第一，促进公共性生产。特大城市城乡接合部的多元主体是否能够形成协同合作的治理模式，首先在于各个主体能否将关注点从私人领域转移到公共领域，并且为了维护公共利益采取行动。如果没有公共性的持续生产，多元主体很难有实质性的协同参与③。但是，公共性并不完全依赖自发生成，是需要经过动员的。如何在保证社会秩序稳定的前提下，向社会力量适度赋权，动员社会力量，对于城乡接合部的党政部门来说是一项挑战。第二，培育社会力量，提升自组织能力。推动社会治理重心下移，将社会事务的管理权和资源下沉到城乡接合部的自治组织，充分发挥它们社会动员和利益协调的作用。赋予社会力量民主决策权和治理参与权，拓展其参与城

---

① 黄晓春,嵇欣.非协同治理与策略性应对——社会组织自主性研究的一个理论框架[J].社会学研究,2014,29(6):98-123.

② 中国共产党中央委员会.中共中央关于制定国民经济和社会发展第十四个五年规划和二〇三五年远景目标的建议[Z].2020-10-29.

③ 李友梅.关于城市基层社会治理的新探索[J].清华社会学评论,2017,18(1):190-195.

乡接合部治理的渠道与机制,放宽网络互动平台对公众参与的限制,在城乡接合部的行政决策与执行中引入公众参与,避免居民自治和参与形式化。通过参与基层民主审议、协商和志愿服务,提升社会力量的理性表达、集体合作和民主监督等能力①。在适应性和自主性增强的基础上,自组织地"涌现"出参与城乡接合部治理的新方式,形成多中心自组织协同网络②。第三,建立社会横向协同机制。社会力量协同行为形成的关键是有共同的利益。完善公共决策社会公示制度、公众听证制度和专家论证制度等利益表达制度,为公众提供利益表达的制度条件。发挥居委会、信访、网络互动平台的作用,完善利益表达机制,收集居民诉求并及时回应,引导公众合理表达诉求。同时形成公平的利益分配机制、规范的利益补偿机制和有效的利益冲突协调机制。另外,信息的共享程度对协同行为也会产生直接影响。因此,要在社会力量之间建立程序化、制度化的信息沟通与整合机制③,优化信息传递流程,提升不同主体之间的沟通效能。

① 黄徐强,张勇杰.技术治理驱动的社区协商:效果及其限度——以第一批"全国社区治理和服务创新实验区"为例[J].中国行政管理,2020,36(8):45-51.

② 范如国.复杂网络结构范型下的社会治理协同创新[J].中国社会科学,2014,35(4):98-120.

参考文献

1. 阿兰纳·伯兰德,朱健刚.公众参与与社区公共空间的生产——对绿色社区建设的个案研究[J].社会学研究,2007,22(4):118-136.

2. 艾伦·梅斯.城市郊区[M].田丰,陈剑晖,译.北京:社会科学文献出版社,2016.

3. 艾伦·哈丁,泰尔加·布劳克兰德.城市理论[M].王岩,译.北京:社会科学文献出版社,2016.

4. 艾云.上下级政府间"考核检查"与"应对"过程的组织学分析——以A县"计划生育"年终考核为例[J].社会,2011,31(3):68-87.

5. 曹正汉.中国上下分治的治理体制及其稳定机制[J].社会学研究,2011,25(1):1-40.

6. 陈家建.项目制与基层政府动员——对社会管理项目化运作的社会学考察[J].中国社会科学,2013,34(2):64-79.

7. 陈天祥,徐雅倩.技术自主性与国家形塑——国家与技术治理关系研究的政治脉络及其想象[J].社会,2020,40(5):137-168.

8. 陈那波,李伟.把"管理"带回政治——任务、资源与街道办网格化政策推行的案例比较[J].社会学研究,2020,35(4):194-217.

9. 陈鹏.从"产权"走向"公民权"——当前中国城市业主维权研究[J].开放时代,2009,28(4):126-139.

10. 程文浩.国家治理过程的"可视化"如何实现——权力清单制度的内涵、意义和推进策略[J].人民论坛·学术前沿,2014,3(9):90-95.

11. 崔功豪,武进.中国城市边缘区空间结构特征及其发展——以南京等城市为例[J].地理学报,1990,57(4):399-411.

12. 狄金华.政策性负担、信息督查与逆向软预算约束——对项目运作中地方政府组织行为的一个解释[J].社会学研究,2015,30(6):49-72.

13. 狄金华."权力—利益"与行动伦理:基层政府政策动员的多重逻辑——基于农地确权政策执行的案例分析[J].社会学研究,2019,34(4):122-145.

14. 狄金华.改革在途:地方政府的社会治理创新及其扩散[M].北京:社会科学文献出版社,2019.

15. 董海军."作为武器的弱者身份":农民维权抗争的底层政治[J].社会,2008,28(4):34-58.

16. 董强,李小云.农村公共政策执行过程中的监督软化——以 G 省 X 镇计划生育政策的落实为例[J].中国行政管理,2009,25(12):77-81.

17. 杜赞奇.文化、权力与国家:1900—1942 年的华北农村[M].王福明,译.南京:江苏人民出版社,2008.

18. 范如国.复杂网络结构范型下的社会治理协同创新[J].中国社会科学,2014,35(4):98-120.

19. 费梅苹.业主委员会与中国的市民社会[J].华东理工大学学报(社会科学版),2001,16(2):57-64.

20. 耿曙,陈奕伶.中国大陆的社区治理与政治转型:发展促变或政权维稳?[J].远景基金会季刊,2007,8(1):87-122.

21. 顾朝林,陈田,丁金宏,虞蔚.中国大城市边缘区特性研究[J].地理学报,1993,60(4):317-328.

22.顾朝林,吴莉娅.中国城市化研究主要成果综述[J].城市问题,2008,26(12):2-12.

23.桂家友.边缘化郊区到现代化城区——以浦东基层社会治理探索为视角[M].上海:上海人民出版社,2016.

24.桂勇.邻里政治:城市基层的权力操作策略与国家—社会的粘连模式[J].社会,2007,27(6):102-126.

25.桂勇.邻里空间:城市基层的行动、组织与互动[M].上海:上海世纪出版集团,2008.

26.关婷,薛澜,赵静.技术赋能的治理创新:基于中国环境领域的实践案例[J].中国行政管理,2019,35(4):58-65.

27.韩志明.技术治理的四重幻象——城市治理中的信息技术及其反思[J].探索与争鸣,2019,35(6):48-58.

28.何艳玲.都市街区中的国家与社会:乐街调查[M].北京:社会科学文献出版社,2007.

29.何艳玲,李妮.为创新而竞争:一种新的地方政府竞争机制[J].武汉大学学报(哲学社会科学版),2017,88(1):87-96.

30.何轩,马骏.党建也是生产力——民营企业党组织建设的机制与效果研究[J].社会学研究,2018,33(3):1-24.

31.贺东航,孔繁斌.公共政策执行的中国经验[J].中国社会科学,2011,32(5):61-79.

32.贺雪峰.地权的逻辑2:地权变革的真相与谬误[M].北京:东方出版社,2013.

33.华生.城市化转型与土地陷阱[M].北京:东方出版社,2013.

34.侯麟科,刘明兴,陶郁.双重约束视角下的基层治理结构与效能:经验与反思[J].管理世界,2020,36(5):145-160.

35.黄冬娅.比较政治学视野中的国家基础权力发展及其逻辑[C/OL]//谭安奎.中大政治学评论(第3辑).北京:中央编译出版社,2008[2020-6-

20].https://www.doc88.com/p-0117339230861.html.

36. 黄锐,文军.从传统村落到新型都市共同体:转型社区的形成及其基本特质[J].学习与实践,2012,34(4):75 - 82.

37. 黄忠怀.空间重构与社会再造——特大城市郊区社区发展研究[M].上海:华东理工大学出版社,2012.

38. 黄晓春,嵇欣.非协同治理与策略性应对——社会组织自主性研究的一个理论框架[J].社会学研究,2014,29(6):98 - 123.

39. 黄晓春.当前城市基层政府改革的深层挑战——基于机制分析的视角[J].江苏行政学院学报,2017,17(3):114 - 120.

40. 黄晓春,嵇欣.当代中国政府治理模式转型的深层挑战——一个组织学视角的分析[J].社会科学,2018,40(11):49 - 61.

41. 黄晓春.技术治理的运行机制研究——关于中国城市治理信息化的制度分析[M].上海:上海大学出版社,2018.

42. 黄晓春,周黎安."结对竞赛":城市基层治理创新的一种新机制[J].社会,2019,39(5):1 - 38.

43. 黄徐强,张勇杰.技术治理驱动的社区协商:效果及其限度——以第一批"全国社区治理和服务创新实验区"为例[J].中国行政管理,2020,36(8):45 - 51.

44. 黄宗智.中国的"公共领域"与"市民社会"? ——国家与社会间的第三领域[M/OL]//黄宗智.中国研究的范式问题讨论.北京:社会科学文献出版社,2003[2020 - 6 - 25].http://www.aisixiang.com/data/29977.html.

45. 黄宗智.集权的简约治理:中国以准官员和纠纷解决为主的半正式基层行政[M]// 黄宗智.中国乡村研究(第五辑).福州:福建教育出版社,2007:1 - 23.

46. 黄宗智.明清以来的乡村社会经济变迁——历史、理论与现实(卷二:长江三角洲小农家庭与乡村发展)[M].北京:法律出版社,2014.

47. 黄宗智.国家—市场—社会:中西国力现代化路径的不同[J].探索与争鸣,2019,35(11):42-56.

48. 珍妮特・V. 登哈特, B. 罗伯特・登哈特.新公共服务——服务,而不是掌舵[M].丁煌,译.北京:中国人民大学出版社,2010.

49. 简・E. 芳汀.构建虚拟政府——信息技术与制度创新[M].邵国松,译.北京:中国人民大学出版社,2010.

50. 乔尔・米格代尔.社会中的国家——国家与社会如何相互改变与相互构成[M].李杨,郭一聪,译.南京:江苏人民出版社,2013.

51. 乔尔・米格代尔,阿图尔・柯里,维维恩・苏.国家权力与社会势力——第三世界的统治与变革[M].郭为贵,曹武龙,林娜,译.南京:江苏人民出版社,2017.

52. 雷望红.被围困的社会:国家基层治理中主体互动与服务异化——来自江苏省 N 市 L 区 12345 政府热线的乡村实践经验[J].公共管理学报,2018,15(2):43-55.

53. 李瑞昌.中国公共政策实施中的"政策空传"现象研究[J].公共行政评论,2012,5(3):59-85.

54. 李宏,杨桓,刘仁忠.论我国特大城市空间拥挤的制度根源与治理路径——基于空间政治的视角[J].湖北社会科学,2017,31(9):44-51.

55. 李辉.社会报酬与中国城市社区积极分子:上海市 S 社区楼组长群体的个案研究[J].社会,2008,28(1):97-117.

56. 李怀印.华北村治——晚清和民国时期的国家与乡村[M].北京:中华书局,2008.

57. 李骏.真实社区生活中的国家—社会关系特征——实践社会学的一项个案考察[J].上海行政学院学报,2006,7(3):76-86.

58. 李骏.住房产权与政治参与:中国城市的基层社区民主[J].社会学研究,2009,24(5):57-82.

59. 李朔严.政党统合的力量:党、政治资本与草根 NGO 的发展基于 Z 省 H

市的多案例比较研究[J].社会,2018,38(1):160-185.

60. 李友梅.组织社会学与组织决策分析[M].上海:上海大学出版社,2009.

61. 李友梅.中国社会管理新格局下遭遇的问题——一种基于中观机制分析的视角[J].学术月刊,2012,44(7):13-20.

62. 李友梅.城市发展周期与特大型城市风险的系统治理[J].探索与争鸣,2015,31(3):19-20.

63. 李友梅.我国特大城市基层社会治理创新分析[J].中共中央党校学报,2016,20(2):5-12.

64. 李友梅.关于城市基层社会治理的新探索[J].清华社会学评论,2017,18(1):190-195.

65. 李友梅.治理转型深层挑战与理论构建新方向[J].社会科学,2020,42(7):3-8.

66. 李友梅.中国现代化新征程与社会治理再转型[J].社会学研究,2021,36(2):14-28.

67. 林丹阳.变化的现象,发展的议题——恩庇侍从关系研究综述[J].甘肃行政学院学报,2018,27(4):110-118.

68. 刘世定.乡镇财政收入结构和运作机制[M]//马戎,刘世定,邱泽奇.中国乡镇组织变迁研究.北京:华夏出版社,2000:129.

69. 刘圣中.国家任务压力下的乡镇财政执行模式——基于江西省A县O镇的研究[M]//托马斯.海贝勒,舒耕德,杨雪冬."主动的"地方政治:作为战略群体的县乡干部.刘承礼,等译.北京:中央编译出版社,2013:410.

70. 卢汉龙.发展社区与发展民主:我国城市基层社会的组织重建[J].民政论坛,1999,8(3):3-5.

71. 罗伯特·M.费格尔森.布尔乔亚的噩梦:1870—1930年美国城市郊区[M].朱歌姝,译.上海:上海人民出版社,2007.

72. 吕德文.治理"钉子户"[D].武汉:华中科技大学,2009.

73. 吕方.治理情境分析:风险约束下的地方政府行为——基于武陵市扶贫办

"申诉"个案的研究[J].社会学研究,2013,28(2):98-124.

74. 吕同舟.风险规避:地方政府治理中的一个逻辑[J].管理现代化,2014,34(5):84-86.

75. 米歇尔·克罗齐耶.科层现象[M].刘汉全,译.上海:上海人民出版社,2002.

76. 米歇尔·克罗齐耶,埃哈尔·费埃德伯格.行动者与系统——集体行动的政治学[M].张月,译.上海:上海人民出版社,2007.

77. 米歇尔·克罗齐耶.法令不能改变社会[M].张月,译.上海:格致出版社,2008.

78. 迈克尔·曼.社会权力的来源:第1卷[M].刘北成,李少军,译.上海:上海人民出版社,2002.

79. 马戎,王汉生,刘世定.中国乡镇企业的发展历史与运行机制[M].北京:北京大学出版社,1994.

80. 欧阳静.运作于压力型科层制与乡土社会之间的乡镇政权——以桔镇为研究对象[J].社会,2009,29(5):39-63.

81. 彭勃.从行政逻辑到治理逻辑:城市社会治理的"逆行政化"改革[J].社会科学,2015,27(5):18-26.

82. 彭亚平.照看社会:技术治理的思想素描[J].社会学研究,2020,35(6):212-236.

83. 渠敬东,周飞舟,应星.从总体支配到技术治理——基于中国30年改革经验的社会学分析[J].中国社会科学,2009,30(6):104-127.

84. 瞿同祖.清代地方政府[M].北京:法律出版社,2011.

85. 任英.基于城市郊区化与郊区城市化背景的城郊型新农村建设规划的思考[J].科技情报开发与经济,2009,19(25):154-155.

86. 荣敬本.压力型体制向民主合作体制的转变:县乡两级政治体制改革的比较研究[M].北京:中央编译出版社,1998.

87. 上海大学社会学院课题组,刘玉照.建立横向协同机制,解决特大城市郊区基层治理中的"流动难题"[J].科学发展,2014,7(12):61-70.

88. 盛智明.地方政府部门如何规避风险?——以 A 市社区物业管理新政为例[J].社会学研究,2017,32(5):166-191.

89. 石发勇.业主委员会、准派系政治与基层治理——以一个上海街区为例[J].社会学研究,2010,25(3):136-158.

90. 石忆邵,谭文垦.从近域郊区化到远域郊区化:上海大都市郊区化发展的新课题[J].城市规划学刊,2007,50(4):103-107.

91. 施芸卿.一把尺子如何"量到底":基层治理中的制度硬化以一个城市更新试点项目为例[J].社会,2019,39(2):31-57.

92. 宋錯业.中国平台组织发展与政府组织转型——基于政务平台运作的分析[J].管理世界,2020,36(11):172-194.

93. 孙立平,郭于华."软硬兼施":正式权力非正式运作的过程分析——华北 B 镇收粮的个案研究[M/OL]//清华大学社会学系.清华社会学评论特辑.厦门:鹭江出版社,2000[2019-02-10].http://www.aisixiang.com/data/16634-2.html.

94. 孙群郎.美国城市郊区化研究[M].北京:商务印书馆,2005.

95. 上海市发展和改革委员会.上海社会科学院.上海郊区发展报告 2018—2019[R].上海:上海社会科学院出版社,2019.

96. 田先红.政党如何引领社会?——后单位时代的基层党组织与社会之间关系分析[J].开放时代,2020,39(2):118-144.

97. 田原.城郊"混住化社会"的存在形态及治理困境研究[D].长春:吉林大学,2019.

98. 涂人猛.城市边缘区——它的概念、空间演变机制和发展模式[J].城市问题,1991,10(4):9-12.

99. 屠启宇,金芳,等.金字塔尖的城市:国际大都市发展报告[M].上海:上海人民出版社,2007.

100. 熊易寒.社区选举:在政治冷漠与高投票率之间[J].社会,2008,27(3):

180 – 204.

101. W. I. 托马斯,F. 兹纳涅茨基.身处欧美的波兰农民[M].张友云,译.南京:译林出版社,2000.

102. 王汉生,刘世定,孙立平,项飚."浙江村":中国农民进入城市的一种独特方式[J].社会学研究,1997,12(1):58 – 69.

103. 王汉生,刘世定,孙立平.作为制度运作和制度变迁方式的变通[J].中国社会科学季刊,1997(冬季号):85 – 100.

104. 王汉生,王一鸽.目标管理责任制:农村基层政权的实践逻辑[J].社会学研究,2009,24(2):61 – 92.

105. 王汉生,吴莹.基层社会中"看得见"与"看不见"的国家——发生在一个商品房小区中的几个"故事"[J].社会学研究,2011,25(1):63 – 95.

106. 王小芳,王磊."技术利维坦":人工智能嵌入社会治理的潜在风险与政府应对[J].电子政务,2019,16(5):86 – 93.

107. 魏后凯.中国特大城市的过度扩张及其治理策略[J].城市与环境研究,2015,2(2):30 – 35.

108. 吴毅.小镇喧嚣——一个乡镇政治运作的演绎与阐释[M].北京:生活·读书·新知三联书店,2007.

109. 乌尔里希·贝克.风险社会[M].张文杰,何博闻,译.南京:译林出版社,2003.

110. 肖林."'社区'研究"与"社区研究"——近年来我国城市社区研究述评[J].社会学研究,2011,26(4):185 – 208.

111. 解胜利,吴理财.从"嵌入—吸纳"到"界权—治理":中国技术治理的逻辑嬗变——以项目制和清单制为例的总体考察[J].电子政务,2019,16(12):95 – 107.

112. 姚华,王亚南.社区自治:自主性空间的缺失与居民参与的困境——以上海市J居委会"议行分设"的实践过程为个案[J].社会科学战线,2010,33(8):187 – 193.

113. 杨爱平.我国区域政策执行中的"逆向软预算约束"现象——以 X 省"山区开发"为例的拓展分析[J].中山大学学报(社会科学版),2007,53(3):75-79.

114. 杨爱平,余雁鸿.选择性应付:社区居委会行动逻辑的组织分析——以 G市 L 社区为例[J].社会学研究,2012,27(4):105-126.

115. 杨栋.加速上海市郊区城市化途径研究[D].上海:同济大学,2008.

116. 杨发祥,施丹.镇管社区:社区管理模式的一种新探索——以上海浦东 S镇为例[J].福建论坛(人文社会科学版),2012,32(7):150-155.

117. 杨上广,吴柏均.城市空间郊区化演变趋势及问题——以上海市为例[J].城市问题,2009,28(1):57-61.

118. 杨善华,苏红.从"代理型政权经营者"到"谋利型政权经营者"[J].社会学研究,2002,16(1):17-24.

119. 杨敏.作为国家治理单元的社区——对城市社区建设运动过程中居民社区参与和社区认知的个案研究[J].社会学研究,2007,22(4):137-164.

120. 叶敏,熊万胜.镇管社区:快速城市化区域的镇级体制调适——以上海浦东新区 H 镇的镇管社区建设经验为例[J].中国行政管理,2018,34(10):98-103.

121. 尤琳.郊区城市化与城乡社会治理一体化研究[M].北京:中国社会科学出版社,2018.

122. 应星,晋军.集体上访行动中的"问题化"过程——西南一个水电站的移民的故事[C]//清华大学社会学系.清华社会学评论(特辑).厦门:鹭江出版社,2000:80-109.

123. 应星.大河移民上访的故事[M].北京:生活·读书·新知三联书店,2001.

124. 袁松.富人治村——浙中吴镇的权力实践(1996-2011)[D].武汉:华中科技大学,2012.

125. 赵树凯.乡镇治理与政府制度化[M].北京:商务印书馆,2010.

126. 詹姆斯·C. 斯科特.弱者的武器:农民反抗的日常形式[M].郑广怀,张敏,何江穗,译.北京:译林出版社,2007.

127. 詹姆斯·汤普森.行动中的组织——行政理论的社会科学基础[M].敬义嘉,译.上海:上海人民出版社,2007.

128. 张波,邰鹏峰.镇管社区:基层社会管理体制的改革探索——基于上海市浦东新区的实践分析[J].上海党史与党建,2013,32(3):45-48.

129. 张福磊,曹现强.城市基层社会"技术治理"的运作逻辑及其限度[J].当代世界社会主义问题,2019,37(3):87-95.

130. 张敬芬.完善"镇管社区"推进基层治理——上海嘉定马陆镇的实践[J].党政论坛,2016,32(6):34-37.

131. 张霁雪.城乡接合部的社会样态与空间实践:基于 C 市东村的调查研究[M].北京:中国社会科学出版社,2014.

132. 张静.基层政权:乡村制度诸问题[M].上海:上海人民出版社,2007.

133. 张静.现代公共规则与乡村社会[M].上海:上海书店出版社,2006.

134. 张静.国家政权建设与乡村自治单位——问题与回顾[J].开放时代,2001,19(9):5-13.

135. 张炯.上海市"镇管社区"模式演变探究及优化思考[D].上海:中共上海市委党校,2017.

136. 张康之.论主体多元化条件下的社会治理[J].中国人民大学学报,2014,28(2):2-13.

137. 张建明,许学强.城乡边缘带研究的回顾与展望[J].人文地理,1997,12(3):9-12.

138. 张善余.产业调整与上海城市人口再分布[J].华东师范大学学报(哲学社会科学版),2001,49(4):85-90.

139. 张水清,杜德斌.从"均衡发展"到"重点建设"——新形势下上海郊区城市化模式的探讨[J].上海城市规划,2001,11(2):33-37.

140. 张庭伟.1990 年代中国城市空间结构的变化及其动力机制[J].城市规

划,2001,25(7):7-14.

141. 张现洪.技术治理与治理技术的悖论与迷思[J].浙江学刊,2019,57(1):160-165.

142. 张翔.基层政策执行的"共识式变通":一个组织学解释——基于市场监管系统上下级互动过程的观察[J].公共管理学报,2019,16(4):1-11.

143. 张友庭.污名化情境及其应对策略:流动人口的城市适应及其社区变迁的个案研究[J].社会,2008,28(4):126-147.

144. 郑杭生.社会建设和社会管理研究与中国社会学使命[J].社会学研究,2011,26(4):12-21.

145. 郑永年.技术赋权:中国的互联网、国家与社会[M].北京:东方出版社,2014.

146. 邹建平.郊区城市化发展的动力新模式——江宁区"园区带镇"模式研究[J].现代城市研究,2007,22(1):46-50.

147. 周大鸣,高崇.城乡接合部社区的研究——广州南景村 50 年的变迁[J].社会学研究,2001,16(4):99-108.

148. 周黎安.转型中的地方政府[M].上海:上海人民出版社,2008.

149. 周黎安.行政发包制[J].社会,2014,34(6):1-38.

150. 周黎安."官场+市场"与中国增长故事[J].社会,2018,38(2):1-45.

151. 周雪光."逆向软预算约束":一个政府行为的组织分析[J].中国社会科学,2005,26(2):132-143.

152. 周雪光.基层政府间的"共谋现象"——一个政府行为的制度逻辑[J].社会学研究,2008,23(6):1-21.

153. 周雪光.权威体制与有效治理:当代中国国家治理的制度逻辑[J].开放时代,2011,30(10):67-85.

154. 周雪光,练宏.政府内部上下级部门间谈判的一个分析模型——以环境政策实施为例[J].中国社会科学,2011,32(5):80-96.

155. 周雪光,练宏.中国政府的治理模式:一个"控制权"理论[J].社会学研究,2012,27(5):69-93.

156. 周雪光.从"黄宗羲定律"到帝国的逻辑:中国国家治理逻辑的历史线索[J].开放时代,2014,33(4):108-132.

157. 周一星,孟延春.中国大城市的郊区化趋势[J].城市规划汇刊,1998,42(3):22-27.

158. 朱健刚.国与家之间:上海邻里的市民团体与社区运动的民族志[M].北京:社会科学文献出版社,2010.

159. CARRUTHERS J. ULFARSSON G. Fragmentation and sprawl: evidence from interregional analysis[J]. Growth and change, 2002, 33(3):312-340.

160. DEWATRIPONT M, MASKIN E. Credit and efficiency in centralized and decentralized economies[J]. Review of economic studies, 1995, 62(4):541-555.

161. DIMAGGIO P, POWELL W. The iron cage revisited: institutional isomorphism and collective rationality in organizational fields[J]. American sociological review, 1983,48 (2):147-160.

162. DREIER P, MOLLENKOPF J, SWANSTROM T. Metro politics for the twenty-first century[C]// LIN J, MELE C. The urban sociology reader [C]. 2nd ed. London: Routledge,2013:148-156.

163. ELKIN S L. City and regime in the American Republic[M]. Chicago: Univ. of Chicago Press, 1987.

164. GALLENT N, ANDERSSON J. Representing England's rural-urban fringe[J]. Landscape research, 2007, 32(1): 1-21.

165. GOLDFELD S, QUANDT R. Budget constraints, bailouts and the firm under central planning[J]. Journal of comparative economics, 1988,12(4):502-520.

166. GOTTDIENER M, HOHLE R, KING C. The new urban sociology

［M］. 6th ed. New York：Routledge，2019.

167. GUDRUN W. The internet and censorship in China［C］// HUGHES C R，WACHER G. China and the internet：politics of the digital leap forward. London：Routledge Curzon，2003：58 - 82.

168. HALL P，PFEIFFER U. Urban Future 21：a global agenda for twenty-first century cities［M］. London：Routledge，2000.

169. HILLMAN A，KATZ E. ROSENBERG J. Workers as insurance：anticipated government assistance and factor demand［J］. Oxford economic paper,1987,39(4):813 - 820.

170. KALATHIL S，BOAS T C. Open networks，closed regimes：the impact of the internet on authoritarian rule［M］. Washington，DC.：Carnegie Endowment for International Peace，2003.

171. KOPECKY K A，SUEN R M. A quantitative analysis of suburbanization and the diffusion of the automobile［J］. International economic review，2010,51(4):1003 - 1037.

172. KING G，PAN J. ROBERTS M. How censorship in China allows government criticism but silences collective expression［J］. American political science review,2013,107(2) :326 - 343.

173. LESSIG L. Code and other laws of cyberspace［M］. New York：Basic Books,1999.

174. LIN N. Local market socialism：local corporatism in action in rural China［J］. Theory and society，1995,24(3):301 - 354.

175. LOGAN J R，MOLOTCH H L. Urban fortunes：the political economy of place［M］. Berkeley：University of California Press，1987.

176. MERTHA A C. China's "soft" centralization：shifting tiao /kuai authority relations ［J］. The China quarterly，2005，184（Dec.）：791 - 810.

177. MILS E S, PRICE R. Metropolitan suburbanization and central city problems[J]. Journal of urban economics, 1984,15(1):1 – 17.

178. MIESZKOWSKI P, MILLS E S. The causes of metropolitan suburbanization[J]. Journal of economic perspectives, 1993,7(3): 135 – 147.

179. MOLOTCH H L. Urban deals in comparative perspective[C]// LOGAN J R, SWANSTROM T S. Beyond the city limits. Urban policy and economic restructuring in comparative perspective. Philadelphia: Temple University press, 1990:175 – 198.

180. NEE V, CAO Y. Path dependent societal transformation: stratification in hybrid mixed economies [J]. Theory and society, 1999, 28 (6): 799 – 834.

181. NEE V. The Emergence of a market society: changing mechanisms of stratification in China[J]. American journal of sociology,1996, 101 (4):908 – 949.

182. O'BRIEN K J, LI L. Selective policy implementation in rural China [J]. Comparative politics, 1999,31(2):167 – 186.

183. OI J C. Communism and clientelism: rural politics in China[J].World politics,1985,37(2): 238 – 266.

184. OI J C. State and peasant in contemporary China: the political economy of village government[M]. Berkeley: Univ. of California Press,1989.

185. OI J C. Fiscal reform and the economic foundations of local state corporation in China[J]. World politics, 1992,45(1):99 – 126.

186. PHELPS N A, PARSONS N. Edge urban geographies: notes from the margins of Europe's capital cities [J]. Urban studies, 2003,40 (9):1725 – 1749.

187. PIEKE F N. Bureaucracy, friends, and money: the growth of capital socialism in China[J]. Comparative studies in society and history, 1995,37(3):494 - 518.

188. PUTNAM R D. Bowling alone[M]. New York: Touchstone Books by Simon & Schuster, 2001.

189. QIAN Y, Xu C. Why China's economic reforms differ: the M-form hierarchy and entry/ expansion of the non-state sector [J]. Economics of transition, 1993,1 (2): 135 - 170.

190. ROBERTS A, KIM B. Policy responsiveness in post-communist Europe: public preferences and economic eeforms[J]. British journal of political science,2011,41(4) :819 - 839.

191. SASSEN S. The global city: New York, London, Tokyo[M]. Princeton: NJ University Press, 1991.

192. SASSEN S. The repositioning of cities and urban regions in a global economy: pushing policy and governance options[C]// In OECD, What policies for global cities? Rethinking the urban policy agenda. Paris: OECD, 2007 :95 - 99.

193. SCHMIDT K, SCHNITZER M. Privatization and management incentives in the transition period in eastern Europe[J]. Journal of comparative economics,1993,17(2):264 - 287.

194. SHUE V. The reach of the state: sketches of the Chinese body politic[M]. Stanford: Stanford University Press,1988.

195. SILVERSTONE R. Visions of suburbia[M]. London: Routledge,1997.

196. SOLINGER D J. Urban entrepreneurs and the state: the merger of state and society[C]//ROSENBAUM A. State and society in China: the consequences of reform. Boulder: Westview Press, 1992: 121 - 141.

197. STANBACK T M. The new suburbanization[M]. Boulder, CO: Westview, 1991.

198. STONE C N. SANDERS H T. The politics of urban development [M]. Lawrence: University Press of Kansas, 1987.

199. STONE C N. Regime politics: governing atlanta, 1946—1988[M]. Lawrence: University Press of Kansas, 1989.

200. THORNTON P M. Retrofitting the steel frame: from mobilizing the masses to surveying the public[C]//PERRY E J, HEILMANN S. Mao's invisible hand: the political foundations of adaptive governance in China. Cambridge: Harvard University Press, 2011: 237 - 268.

201. TOLBERT P S, ZUCKER L G. Institutional sources of change in the formal structure of organizations: the diffusion of civil service reform, 1880—1935 [J]. Administrative science quarterly, 1983, 28 (1):22 - 39.

202. YANG G. The internet and civil society in China: a preliminary assessment[J]. Journal of contemporary China, 2003, 12 (36): 453 - 475.

203. WACKER G. The internet and censorship in China[C]// HUGHES C R, WACHER G. China and the internet: politics of the digital leap forward. London: Routledge Curzon, 2003:58 - 82.

204. WALKER R, LEWIS R D. Beyond the crabgrass frontier: industry and the spread of North American cities, 1850—1950[J]. Journal of historical geography, 2001,27(1):3 - 19.

205. WALDER A G. Communist neo-traditionalism: work and authority in Chinese industry [M]. Berkeley: Univ. of California Press,1986.

206. WALDER A G. Worker, managers and the state: the reform era and

the political crisis of 1989[J]. China quarterly, 1991, 127 (Sep.):
467 - 492.

207. WALDER A G. Local governments as industrial firms: an organization
analysis of China's transitional economy[J]. American journal of
sociology, 1995, 101(2): 263 - 301.

208. WANK D L. Civil society in communist China? Private business and
political alliance, 1989 [C]//HALL J A. Civil society: theory,
history, comparison[C]. Cambridge: Polity Press, 1995: 56 - 79.

209. WEITZ J, CRAWFORD T. Where the jobs are going: job sprawl in
US metropolitan regions, 2001—2006[J]. Journal of the American
planning association, 2012, 78(1): 53 - 69.

210. XU C. The fundamental institutions of China's reforms and
development[J]. Journal of economic literature, 2011, 49 (4):
1076 - 1151.

索　引